KB169451

대학생들을 위한,
대학생들에 의한
캠퍼스 협동조합

대학,
협동조합으로
교육하라

대학,
협동조합으로
교육하라

초판 1쇄 인쇄 2018년 5월 28일
초판 1쇄 발행 2018년 6월 10일

지은이 박주희·조현경·주수원·하승우
펴낸이 김승희
펴낸곳 도서출판 살림터

기획 정광일
편집 조현주
북디자인 꼬리별

인쇄·제본 (주)현문
종이 월드페이퍼(주)

주소 서울시 양천구 목동동로 293, 22층 2215-1호
전화 02-3141-6553
팩스 02-3141-6555
출판등록 2008년 3월 18일 제313-1990-12호
이메일 gwang80@hanmail.net
블로그 http://blog.naver.com/dkffk1020

ISBN 979-11-5930-069-1 03370

이 도서의 국립중앙도서관 출판예정도서목록(CIP)은
서지정보유통지원시스템 홈페이지(http://seoji.nl.go.kr)와
국가자료공동목록시스템(http://www.nl.go.kr/kolisnet)에서 이용하실 수 있습니다.
(CIP제어번호: CIP2018016201)

대학생들을 위한,
대학생들에 의한
캠퍼스 협동조합

대학,
협동조합으로
교육하라

박주희·조현경·주수원·하승우 지음

대학생협의 무한한 가치를 만나다

김진아(한국대학생활협동조합연합회 이사장)

고등학교를 졸업하고 대학에 갓 입학한 스무 살의 나는 정해진 학교의 규율을 따르고, 정해진 공부를 하는 것에 익숙했다. 그랬던 나에게 학생들이 대학 내에서 자발적으로 정책과 활동을 결정하고, 원하는 공부를 할 수 있다는 것은 신선한 충격이었다. 학생들은 대학 내에서 수업 이외에도 많은 것을 경험하고 배울 수 있었다. 나는 이런 대학이 좋았고, 학생회 활동을 하기 시작했다. 함께 활동하던 친구들과 같이 대학 내의 다양한 구조적인 문제들과 더불어 구성원들의 생활의 문제, 그리고 후생복지에 관련한 대학의 역할에 대한 고민을 하면서 대학생협을 알게 되었다. 운이 좋게도 내가 입학한 대학에는 소비자생활협동조합이 활발하게 운영되고 있었다. 대학 내 구성원들의 생활 문제를 협동이라는 가치를 통해 풀어나갈 수 있다는 생협의 취지는 교육기관인 대학 내에서 우리에게 꼭 필요한 것이고, 이를 통해 나를 포함한 학생들의 생활이 의미 있게 변화될 수 있다는 희망에 가슴이 두근거렸다.

대학 내의 시설들은 복지시설이므로 구성원들이 직접 운영의 주체가 되어 필요한 시설을 운영하고, 여기에서 발생한 이익이 그대로 구성원들에게 환원되게 하는 구조를 통해 대학이 상업적인 목적으로 시설을 이용하지 않도록 견제하는 역할을 함으로써 대학생협이 운영된다. 이러한 대학생협의 역할로 인해 모든 구성원들이 대학 내에서 운영의 주체가 될 수 있다고 믿었다. 하지만 현실은 달랐다. 많은 대학들이 재정의 부실함을 극복하기 위하여 교내 시설들을 상업적인 목적으로 이용한다. 대학생협이 운영되고 있는 학교에서도 대학생협 자체를 상업적인 가치로 평가하다 보니 생협을 통해 할 수 있는 것들이 제한되고 학내 구성원의 대부분을 차지하고 있는 학생들보다는 학교 당국의 이해관계에 따라 운영이 결정되곤 한다.

그렇다면 대학생협이 운영되지 않는 학교는 어떠한가. 최근 많은 대학들이 복합 쇼핑몰처럼 변하면서 대학 내에 유명 프랜차이즈가 입점해 있는 것을 당연하게 여기게 된 지 오래다. 외부 업체에 대해서는 학내 구성원들이 가격을 결정할 수도, 운영에 참여할 수도 없다. 투자자의 이윤 창출을 목적으로 하는 외부 업체가 학교에 들어오면 가장 크게 부담을 느끼는 것은 학내 구성원들일 것이다. 대학 내에서 교육의 주체가 되는 것은 대학이 교육기관으로서의 기능을 하기 위해 중요한 부분이다. 뿐만 아니라 대학이라는 곳은 무한한 가능성을 가지고 있기에 상업적인 가치를 떠나 대학생협 운영을 새로운 시각으로 바라보고 그 잠재력을 고민해야 할 때이다.

이 책은 대학 구성원들이 대학생협을 통해 생활 속에서 협동함으로써 스스로 문제를 해결할 수 있을 뿐만 아니라 대학 내에서 협동을 기반으로 하는 배움의 장을 형성하는 역할을 해낼 수 있다고 설명한다. 대학은 우리가 안주하고 있는 현재보다 훨씬 더 많은 일들을 해낼 수 있으며, 경쟁이 아닌 협동으로 상생의 문화를 만들어갈 수 있다는 희망을 보여준다. 대학 내 생활협동조합은 대학 본연의 역할 수행을 도울 뿐만 아니라 대학의 발전에 필수적인 구성원들의 협동의 결과물이다. 대학 내 생활협동조합에 대한 오해와 무관심이 이 책을 통해 변화되기를 희망한다.

생협의 가치를 통해 대학의 변화를 희망하고 이를 위해 노력하는 대학생협의 실무자들과 조합원들이 있기에 대학생협의 시작점부터 함께했던 우리의 고민이 대학을 변화시키는 더없이 좋은 첫걸음이 될 것이라는 희망이 있다. 대학 내의 여러 문제들에 좌절하는 대학생들, 한국 대학의 긍정적인 변화를 고민하는 교직원들, 그리고 한국 사회에서 협동이라는 가치를 통해 문제를 해결할 의지를 가지고 좀 더 나은 미래를 준비하는 모든 이들이 이 책으로 인해 우리에게 필요한 것은 경쟁이 아닌 협동이라는 희망을 마주할 수 있기를 바란다

협동조합 대학을 만들자

장승권(성공회대학교 경영학부 교수)

기술은 아주 빠르게 발전하고 있다. 그와 함께 오랫동안 많은 사람의 삶을 지탱해준 직업이 사라지고 있다. 동시에 이전에 상상하지 못했던 새로운 일도 만들어지고 있다. 앞으로 대학에서 무엇을 배우고 가르칠 것인지 질문하지만, 명확한 답을 제시하는 사람은 별로 없다. 지금 우리가 겪고 있는 일이다. 대학에서 오랫동안 가르치는 일을 해온 교수들도 학생들에게 무엇을 준비하라고 조언하기 어렵다. 얼마 전까지, 학생들에게 '평생직장'이 아니라 '평생직업'을 찾아보라고 말하기도 했다. 그러나 직장도 직업도 평생 계속할 것이 있을지 모르겠다. '평생'이 얼마나 되는 시간인지도 알 수 없다. '100세 수명'도 조만간 옛말이 될 것 같다.

50년 뒤에도 대학이 전통적인 의미와 역할을 담당하는 교육기관으로 지속될 수 있을까? 대학을 유지하고 그 역할을 다하게 하려면 무엇을 어떻게 해야 할까? 이에 대해 아직은 흐릿하지만 하나의 희망을 협동조합에서 찾고 싶다. 협동조합과 대학에 대한 문제의식과 상상력이 조금씩 퍼져가고 있다. 유럽 등에서는 '협동조합 대학'이라는 주제로 학술대회가 열리고 책도 발간되고 있다.

대학에서 협동조합 경영을 연구하고 교육하는 나의 고민도 같다. 그래서 대학이라는 오래된 교육제도와 협동조합이라는 새로운(고작 200년 정도 된) 아이디어를 결합했다. 이제 협동조합 대학을 상상해본다. 협동조합 대학은 다음 세 가지 특징을 중심으로 설명할 수 있을 것이다.

첫째, 대학의 전반적 운영에 들어가는 자원과 대학 구성원이 요구하는 서비스를 협동조합 사업체 활동을 통해서 제공하고 해결한다. 둘째, 대학 교육은 협동조합의 가치와 원칙을 기반으로 한 학습 방법을 따른다. 그리고 대학에서 제공하는 교육 내용은 협동조합 관련 지식뿐 아니라, 다양한 학술 지식과 삶에 필요한 역량을 중심으로 한다. 셋째, 대학은 협동조합 가치를 기반으로 운영된다. 학습자, 교수자, 행정관리자, 보조자, 후원자, 지역사회, 그 외 참가자의 물적·인적 자원을 활용하여 구성되고 유지된다. 그리고 민주적으로 통제되고 관리된다.

이 세 가지 특징은 대학의 발전 역사와 무관하지 않고, 현재 많은 대학은 이렇게 운영되고 있다.

이 책은 협동조합 대학의 상상력을 실제 현장에서 구현하는 글쓴이 자신들의 이야기이기도 하다. 저자들은 새로운 대학 모델을 제안하고 자신들의 경험과 다른 나라의 사례를 소개한다. 대학생협은 한국 대학에서도 중요한 조직이다. 학생 조합원을 위한 주거협동조합도 조금씩 생기고 있다. 학생들은 스스로 원하는 사업을 하기 위하여 협동조합을 설립하고 운영한다. 대학이 자리한 지역사회의 주민들과 함께 지역 문제를 해결하는 노력도 협동조합 대학의 방향이다. 대학 교육과정에 협동조합 관련 강좌와 학위과정도 생기고 있다. 협동조합 교육과정은 교수자의 일방적 강의로만 진행되지 않는다. 강좌 참가자 모두가 협력하며, 함께 배우는 경험을 나누고 있다.

이 책이 우리 사회에서 협동조합 대학에 관한 학문과 실천의 중요한 계기를 만들어줄 것이라고 믿는다. 그렇기에 글쓴이들이 강조하는 내용을 잘 읽어보자고 말하고 싶다. 대학의 미래를 협동조합에서 찾을 수 있을 것이다. 협동조합 사업체, 협동조합에 관한 교육 내용과 방법, 협동조합 방식의 대학 운영까지 새로운 방향을 모색하고, 전략을 세우자. 그리고 협동조합 대학을 함께 만들자.

머리글

대학에서 더 많은 협동의 얘기가
나올 수 있기를

  이 책은 대학생협연합회에서 진행한 연구, 〈학교협동조합 발전전략:
협동조합은 교육이며, 나라의 미래이다〉로부터 시작되었다. 저자들은
1년간 공동 논의와 연구를 하며, 최근 늘어나고 있는 초·중·고 학교
협동조합과 대학생협 간의 연결고리를 찾고자 했다. 그 연결고리의 핵
심은 '교육'이었다. 공교육과 고등교육이 취업과 노동을 위한 준비 단
계로 전락한 한국의 상황에서, 협동조합의 교육 가치는 교육에 대한
고전적인 입장이나 교육의 시장화, 어느 한 편에 속하지 않으면서도
양자의 장점을 취할 수 있는 제3의 길이라 할 수 있다. 우리는 대학생
협의 발전 방안을 학교협동조합이라는 더 큰 틀에서 연구해나갔다.
  어릴 적부터 개인의 경쟁력을 극대화시키며 무한 경쟁으로 내모는
한국 교육의 현실에서, 협동조합은 하나의 대안이 될 수 있다. 학교협
동조합은 학교교육과 분리된 학교 밖의 관행이 아니라 협동을 학교교
육의 주요 주제로 가져올 수 있다는 점에서 더 큰 의미를 지닌다. 이
는 초·중등교육(초·중·고등학교)뿐만 아니라 대학 교육에서도 큰 힘
을 발휘할 수 있다. 특히 고용 없는 성장 시대, 창직創職의 시대 속에서

공동의 문제해결력은 더욱 중요해지고 있다. 내 주변의 문제를 다른 사람들과 함께 풀어가는 연습, 이를 공동의 사업으로 확대해가는 경험은 교육이자 삶의 훈련이다.

이 책은 캠퍼스 안에서 국내외적으로 만들어지고 운영된 다양한 협동조합의 사례를 보여주면서 희망을 그려보고자 했다. 그렇다고 사례를 절대화하는 것은 아니다. 혹은 협동조합이 만능이며 이렇게만 하면 창업에 성공할 수 있다는 성공의 지름길을 얘기하고자 함은 더욱 아니다. 현재의 문제를 타개할 수 있는 하나의 방안으로 협동조합에 주목하고자 하며, 무엇보다도 청년들이 협동조합을 통해 사회에 나가기 전 교육적인 방식으로 다양한 연습을 해보기를 바랐다.

협동은 단순히 가치의 강조만으로 실현될 수 없다. 협동에는 그와 관련된 방법론이 필요하다. 학교협동조합에서 직접 실천하고 참여하는 과정은 앎과 행동을 동시에 실현하도록 한다. 실천 공동체로서의 학교협동조합 자체가 일종의 잠재적 '교육과정'으로 기능할 수 있다. 또한 협동의 교육학과 협동조합은 지역사회와 긴밀히 상호작용에도 주목한다. 연대하고 배려하며 상생하는 공동체적 인간을 육성한다는 공통의 목적을 가지고 있다. 대학을 둘러싼 지역 기업, 지역 단체, 주민들이 함께했을 때 지금과는 전혀 다른 상호 교류가 생길 수 있다.

이러한 캠퍼스 협동조합의 모습을 살피면서 궁극적으로는 '생애주기형 학교협동조합'의 결론에 도달하고자 했다. 인간의 성장이 자연스러운 만큼 초등학교에서 시작된 협동조합에 대한 경험이 고등교육기관으로 이어질 경우 이 조합원은 개별 협동조합만이 아니라 우리 사회의 주요한 기둥이 될 수 있다. 물론 이를 위해 다양한 제도적 변화와 정책이 필요할 것이다. 초·중·고 및 대학의 분절적 흐름을 연결하는 정부의 학교협동조합 통합 정책 역시 그중 하나다. 학교협동조합의 본래적 기능이 더욱 잘 발휘할 수 있도록 하고, 대학생협 등 학교협동조합 간의 상호 교류와 자원의 연계도 필요하다.

하지만 그 모든 정책적 논의에 앞서 대학생, 교수, 교직원 입장에서 협동조합을 좀 더 자신과 가까운 것으로 느낄 수 있도록 하는 것이 가장 큰 목표이다. 이 책의 여섯 개의 장은 순서대로 배치되어 있지만,

마음에 와 닿는 장을 먼저 읽어도 되고 책에 나오는 사례만이 아니라 주변의 다양한 캠퍼스 협동조합 사례를 찾고 얘기해봤으면 좋겠다.

아무쪼록 대학에서 협동조합 교육의 필요성과 가능성에 대해 지금보다 더 많은 얘기가 오가면 좋겠다. 이 책에서 보여준 교육 사례보다 더 많은 방법이 논의되고 가능성이 탐색되었으면 한다. 그로 인해 대학생들에게 각자도생各自圖生이 아니라 공생공락共生共樂의 가능성의 길이 열렸으면 한다.

공동 연구의 장을 만들어주고 많은 자료들을 제공한 대학생협연합회와 오랜 시간 동안 대학 안팎으로 협동조합을 정착하기 위해 노력해온 대학생협 관계자들에 감사드린다.

2018년 5월
글쓴이 일동

차례

1장

대학생과 협동조합

협동조합기본법이 2012년부터 시행되면서 누구나 5명 이상의 사람들을 모으면 자유롭게 협동조합을 만들 수 있게 되었다. 기본법에 따라 2018년 4월 기준 1만 3,000개가 넘는 협동조합이 실제로 생겨났다. 대학 안팎에도 다양한 협동조합들이 만들어졌다.

　　협동조합이라고 하면 낯설 수 있지만 농협이나 서울우유, 썬키스트, FC바르셀로나를 모르는 이는 드물 것이다. 이들 모두가 협동조합이다. 협동조합은 이미 생활에 가깝게 다가와 있는데, 여전히 어렵고, 멀고, 나와는 무관하다고 생각하는 이들이 많다. 협동조합이란 무엇일까? 왜 만들어졌을까?

　　국제협동조합연맹(ICA)의 정의에 따르면 협동조합은 "공동으로 소유되고 민주적으로 운영되는 사업체를 통하여 공통의 경제적·사회적·문화적 필요와 욕구를 충족시키고자 하는 사람들이 자발적으로 결성한 자율적인 조직"이다. 여전히 알 듯 말 듯 어렵다.

　　대학생들을 위해 협동조합의 역사와 의미, 사례들을 얘기하는 것만으로도 이 책의 대부분을 채워야 할 것이다. 그렇지만 이 책은 협동조합에 관한 시험을 치르거나 상식을 키우는 데 목적을 두고 있지 않다. 이 책의 목적은 대학생이 협동조합을 생활의 도구로 활용할 수 있도록 다양한 정보를 제공하고, 캠퍼스에서 그 가능성의 싹을 틔우는 것이다. 따라서 2018년을 살아가는 대학생들에게 멀게만 느껴지는 협동이란 단어에서부터 이야기를 시작하려 한다.

1. 관념에서 일상으로, 협동을 정의하다

민주주의는 '허세'이며, 개인의 행복을 추구하는 세대?

2017년 초, 세대별로 민주주의에서 연상되는 단어를 분석했다. '민주주의 하면 어떤 이미지가 떠오르나?'라는 질문에 50대는 '자유', 30~40대는 '비효율', 20대는 '허세'라고 답했다. 자유와 비효율, 허세, 각 세대의 인식은 매우 달랐다(『한겨레』 2017년 1월 30일). 무엇이 이런 인식의 차이를 낳았을까? 민주주의에 대한 경험일까?

어떤 면에서 이런 분석은 각 세대에 대한 상식을 그대로 반영한다. 가령 50대는 군사독재에 저항하며 '절차적 민주주의'를 이룬 경험 덕분에 민주주의를 '자유'로 인식한다. 반면 30~40대는 비교적 이전 세대가 누리지 못했던 자유를 누렸지만 IMF를 겪으며 심한 경제 불평등을 경험했다. 사회적으로 강요되는 강한 성과주의 문화 속에서 이들은 민주주의를 비효율로 인식하게 되었다. 20대는 앞선 세대들보다 더욱더 불평등한 상황에 놓였고 극심한 경쟁에 시달리고 있기에 민주주의를 가치보다는 '허세'로 인식하게 되었나.

기사의 인터뷰도 이런 상식을 보여준다. 30~40대는 "우리 때는 성장할 수 있는 토대가 있었어요. 조직이든, 능력이든, 네트워크든, 돈이든 사회적 잉여가 발생했거든요. 하지만 지금은 그 경로 자체가 차단된 느낌이에요. 20대는 학자금 대출로 사회생활을 시작하는 거잖아요"라고 얘기한다. 지금의 20대는 아르바이트, 취업, 스펙 쌓기 속에서 민주주의 얘기를 꺼내는 건 "(학교) 과제도 많고 (아르바이트도) 바쁜데 먹고살 만하니까 하는 한가한 소리"나 하는 허세로 본다.

그럼 20대가 중요시하는 가치는 무엇일까? 2017년은 '욜로(YOLO)', 2018년은 '소확행(小確幸)'이 꼽혔다. 욜로는 'You only live once'의 약자로 '인생은 한 번뿐이다'라는 뜻이며, 소확행은 '소소하지만 확실한 행복'을 뜻한다. 거창한 행복을 추구하다 놓치는 것보다는 평범한 일상에서 찾을 수 있는 손에 잡히는 행복을 말한다. 그래서 최근 20대는 평범한 삶이 가장 행복한 삶이라는 깨달음과 함께 평범한 것에 열광하는 노멀크러시(Normal+Crush) 세대라고 한다. "뭘 훌륭한 사람이 돼. 그냥 아무나 돼"라는 2017년 8월 JTBC '한끼줍쇼'에 출연한 가수 이효리가 초등생 소녀에게 던진 말에 환호하는 세대(『한국일보』 2018년 1월 6일)이다.

이렇게만 보면 20대는 이전 세대와 달리 극히 개인적인 삶을 추구하는 세대로 보인다. 20대가 부조리한 사회구조에 저항하지 않고 개인의 경쟁력에만 몰두한다는 '20대 개새끼론'이 떠오르는 대목이다. 하지만 이런 인식은 주체의 변화 가능성을 인정하지 않거나 과소평가하기에 변화의 물꼬를 트기 어렵다. '사회문제의 개인화'라는 한국 사회의 잘못된 흐름에서 벗어나려면 지금 필요한 건 편견에 가려 있는 가능성에 주목하는 것이다.

어떻게 보면 30~40대나 20대 모두 사회구조의 희생양이다. 민주주의에 공감하지 못하는 것 역시 그 세대에서 비롯된 문제가 아니라 비민주적인 사회구조에 대한 냉소나 민주적인 문화나 경험의 부족에서 비롯된 무기력 탓으로 볼 수 있다. 모여서 함께 결정한다는 것의 의미와 그것이 주는 실질적인 변화를 체감할 수 있다면, 민주주의는 가치가 아니라 생활의 원칙이 될 수 있다.

또한 개인의 삶을 추구하려는 이면에 숨은 욕구도 파악해야 한다. 2018년 초 20~35세 성인남녀 300명을 대상으로 온라인 설문조사를 실시한 결과, '일자리의 조건 중 중요하게 여기는 것이 무엇이냐'는 질문에 가치관과 일치하는 자리와 역할을 꼽은 경우(39.6%)가 가장 높게 나왔다. 다음으로는 일과 가정의 양립 보장(27.7%)도 중시하는 것으로 나타났다. 반면 고소득(11.3%), 사회적 명예와 권한(6.7%) 등 기성세대가 일자리의 중요 조건으로 꼽아왔던 '돈'과 '명예'와 관련된 항목들은 후순위였다(『한국일보』 2018년 1월 6일). 여기서 주목할 만한 부분은 일이 단순히 먹고사니즘이 아닌 자신의 가치와 일상적인 삶을 지켜내는 수단이 되었다는 점이다. 일과 삶의 균형을 뜻하는 '워라밸Work and Life Balance'이 떠오르는 대목이다. 개인의 소시민적 삶만을 중요시한다고 생각할 수도 있지만, 거꾸로 일에 돈과 명예가 아닌 삶의 가치를 우선적으로 반영한다고 볼 수 있다. 자신이 생각하기에 의미 있는 일이라고 한다면 외부의 시선과 상관없이 당당하게 택할 수 있는 세대인 것이다. 이는 우리나라만의 일은 아니다. 켈리글로벌 산업인력시료KGWI에서도 젊은 직상인 중 51%가 '더 중요하고 의미 있는'

일이라면 연봉이 줄거나 직위가 낮아져도 받아들일 준비가 되어 있다고 응답했다. 또한 미국의 M Factors 연구에서도, 1980년대 이후 출생자인 밀레니얼 세대는 직장에서 '변화를 이끌어내고 있다'는 것을 가장 중요하게 여긴다고 응답했다(진저티 프로젝트, 2017).

20대가 사회에 무관심하고 개인적이라기보다는 이전 세대와 달리 일상의 삶과 자신이 생각하는 사회적 가치를 분리해서 생각하지 않는 것이라고 본다. 일상의 삶으로 바로 연결되지 않은 추상적인 가치에는 약할 수 있지만, 나와 내 주변의 사회적 문제에 대해서는 오히려 변화를 만들어내는 데 더 적극적인 세대이다. 단적인 예가 2016년 강남역 화장실 살인 사건 후 2030을 중심으로 한 페미니즘 열풍이다. 인권감수성, 생활 속 민주주의에 대한 욕구는 이전 세대보다 더 크고 각자 자신이 속한 조직부터 이런 기준에 맞는지 주시하면서 실천하고 있다.

사회적 헌신이 아니라 우리가 만들어가는 가치로서의 협동

그렇다면 협동조합 역시 일상에서의 실천으로 20대에게 이전 세대보다 더욱 적극적으로 연결될 수 있지 않을까? 협동조합은 공동으로 소유되고 민주적으로 운영되는 사업체이다. 그 누구도 아닌 나와 내 주변 사람들의 필요와 욕구가 만나 우리들을 위한 가치가 반영된, 우리들의 문제를 풀어갈 경제 공동체다. 욜로, 소확행, 노멀크러시 열풍에서 비쳐지는 일상에서의 행복이 협동조합을 통해 풀어질 수 있다. 돈을 많이 벌고 명예를 드높이는 일은 아니지만, 우리가 생각하는 가치가 반영된 일자리를 만들어낼 수 있다.

사회적 대의를 위한 민주주의가 아니라 우리들의 가치가 반영된 민주주의적 방식의 협동이다. 권위주의적인 방식으로도 협력은 가능하다. 강력한 지도자가 각자에게 하나씩 역할을 나눠주고 명령할 때에도 협력은 가능하고 때로는 더 효과적일 수도 있다. 그런 점에서 협동은 단순히 힘을 모으는 협력協力보다 더 나아간 의미를 가지고 있다. 협동協同에는 단순히 힘만을 합하는 것이 아니라 협력에는 없는 마음을 합한다는 뜻이 포함되어 있다.

물론 우리들이 느끼는 문제를 우리들의 방식으로 풀어가는 복지경제 공동체, 우리들의 워라밸 일자리로서 협동조합이 말만큼 쉽게 구현되지는 않는다. 혼자서 풀어가기 힘든 문제이기에 함께 힘을 뭉쳐보지만 '조별 잔혹사'가 유행하는 것처럼 무임승차와 갈등에 대한 걱정이 앞서는 게 현실이다. 최근 몇 년간 한국 사회를 설명하는 열쇳말로 많이 등장한 사자성어는 '각자도생各自圖生'이었다. 흔히 '신자유주의'라는 말로도 표현되는 이 말의 의미는 국가도, 사회도, 가족도 나를 보호해줄 수 없으니 어떻게든 혼자 살아남아야 한다는 것이다. 노력을 뛰어넘는 '노오력'을 해도 치열한 경쟁에서 살아남는다고 장담할 수 없는 사회가 바로 한국이다. 한국 사회는 개인이 혼자 움직이는 게 훨씬 편하고 효율적이라고 생각하도록 만든다.

이런 사회에서 협동은 비효율적이고 불편하지만 남을 돕기 위해 희생하는 이타적인 행동으로 해석되곤 한다. 협동은 서로 도우며 깨닫고 성장하는 과정인데, 내가 상대에게 이롭다고 여기는 쪽으로 일방적인 노움을 주는 것으로 여겨진다. 그래서 협동을 하려는 사람은 적고,

협동을 해도 그 에너지가 잘 살아나지 않는다.

그러다 보니 사람들은 더욱더 협동을 회피하게 된다. 이미 해봤는데 잘 안 된다는 것을 사람들은 잘 알고 있다. 그래서 각자도생의 시대에 협동은 태풍이 부는 바다의 쪽배처럼 여겨지기도 한다. 과연 배에 탄 사람들이 잘 살아남을 수 있을까?

이제 협동의 재정의가 필요하다. 협동은 이타적인 삶이 아니다. 협동은 타자를 통해 자기 안의 생명력을 인식하고 그 힘을 외부로 드러내고 교감하며 내가 알고 가지고 품고 있는 것이 온전히 내게만 속하지 않음을 깨닫고 그것을 더불어 누려야 할 사람들과 나누는 삶이다. 즉 자기 없이 협동은 불가능하고, 그런 주체'들'이 서로 섞여야 협동이 가능하다. 서로가 서로의 삶을 들여다보는 과정이 있어야 협동이 가능하다.

협동이 관념적인 과정보다 매우 구체적인 과정이어야 하는 이유도 바로 이 점에 있다. 협동이 잘 안 되는 건 '노오력'이 부족해서도, 협동의 DNA가 부족해서도 아니다. 협동의 성공적 경험, 협동을 하기 위한 체계적인 연습이 부족해서이다.

올림픽 기록의 갱신 과정을 살펴보자. 불과 100년 전만 해도 소수의 선수들만 가능했던 기술들을 현재에 와서는 유소년들도 구사할 수 있는 경우를 많이 접한다. 100년 동안 인간의 재능이 급속도로 뛰어나져서? 물론 이전보다 영양섭취가 늘어 체격이나 체력이 좋아진 부분도 있겠지만, 신체적 조건만으로는 설명하기 어려운 부분이 많다. 그렇다면 이전보다 노력한 시간이 2배 이상 증가해서? 예측하듯이, 답은 과학적인 훈련의 결과이다. 영상기술 등의 발달로 과거보다 동작들을 분절적으로 세밀하게 확인할 수 있게 되었고, 어렸을 때부터 정확한 방식으로 그 선수의 몸에 맞는 적절한 훈련을 반복 학습할 수 있도록 했기 때문이다. 단지 전달만이 아니라 해당 선수의 동작에서의 문제점들도 과학적으로 분석해 적절한 피드백을 줄 수 있었다. 신체적 행위는 이렇게 정확한 방식의 전달과 피드백을 통한 체계적인 훈련으로 인간의 능력을 극대화할 수 있었는데, 협동은 왜 이러한 훈련이 가능하지 않다고 생각하는 걸까? 우리 사회는 왜 협동을 체계적으로 훈련시키고 있지 못할까?

무엇보다 경쟁이 일상화된 사회에서 협동이 실질적인 변화의 힘으로 인식되려면 가치가 아니라 일상의 변화로 경험되어야 한다. 인류 역사를 살펴보면 협동은 힘이나 돈을 많이 가진 사람들보다 가지지 못한 사람들 사이에서 활성화되었다. 혼자 살아가기 어려운 사람들이 서로 힘을 모아 서로에게 든든한 비빌 언덕이 되어주었다.

우리나라의 전통적인 협동 방식인 계, 두레, 품앗이 등이 모두 그러했다. 계는 기원을 따지면 삼한시대까지로 소급되는 전통 협동 조직이다. 신라시대에는 이미 여자들의 길쌈내기인 가배, 화랑들의 조직체인 향도 등 다양한 방식으로 분화되어 있었다고 한다. 또한 불과 얼마 전까지만 하더라도 우리 주변에서 다양한 계모임을 볼 수 있었다. 경조사 등 목돈이 필요한 경우를 대비해서 이웃끼리 계모임을 만들어 함께 적금을 들며 민간 금융 역할을 했던 것이다. 매달 일정 금액을 계주에게 내고 계주는 계원들에게 정해진 순서대로 모인 돈을 주거나, 제비뽑기를 해서 주는 방식이다. 지금은 이자도 낮아지고 계모임도 많이 사라졌다. 계모임이 대학생들에게 다소 멀리 느껴진다면

2016~2017년 방영된 KBS 2TV 프로그램 〈언니들의 슬램덩크〉를 떠올려보자. 그 주요 내용은 혼자서 이루기 힘든 꿈을 이루기 위해 '꿈계'를 만드는 것이다. 아이돌 그룹이 되고 싶었다는 한 멤버의 꿈을 이뤄주기 위해 아이돌 그룹의 연습생이 되어 함께 열심히 훈련에 임하고 무대에 올라가는 방식이다. 이렇게 각자의 재능과 노력이 곗돈처럼 모여 계주의 꿈을 실현시킨다. 재미난 건 중고등학교에서 계주의 뜻을 물어보면 '이어달리기'라는 답이 나온다. 동음이의어를 혼동한 것이지만 협동조합은 사실 이어달리기이도 하다. 나에게 정해진 몫만큼 열심히 달려서 공동의 목표를 이어가는 이어달리기, 나의 필요와 욕구가 모두 이뤄진 뒤에는 나와 비슷한 사람을 찾아서 다시금 조합원으로 끌어들이는 이어달리기.

또한 흔히 협동은 하나가 되는 것이라 말하지만 진정으로 하나가 되려면 우리는 서로의 차이를 인식해야 한다. 그런 점에서 협동에 숨겨진 의미는 바로 차이와 성장이기도 하다. 인간은 타자를 통해 자신의 얼굴을 마주할 수 있다. 내가 나를 가장 잘 안다고 생각하지만 자신에 대한 착각이나 미화에 지나지 않을 수 있다. 우리는 타자를 통해 자신을 인식하고, 그런 인식을 통해서만 협동은 가능하다. 차이를 인식하고 때로는 인정하고 그걸 받아들임으로써 우리는 조금씩 성장한다.

협동은 이런 과정을 통해 조금씩, 점점 더 단단해진다. 처음부터 단단한 협동이 있는 게 아니라 이런 과정을 통해 관계는 단단해지고 허세는 실세가 된다. 협동조합은 이런 협동을 체험하는 장場이다.

각자도생各自圖生이 아니라 공생공락共生共樂이 가능하고 좋다는 사실을 알면 협동은 조금씩 실현될 수 있다. 이런 실험은 어떻게 가능할까? 유럽에서 다양한 협동조합이 발달할 수 있었던 배경에는 어렸을 때부터 자연스럽게 접하고 경험하는 협동조합이 있었기 때문이다. 협동조합은 공통의 경제적·사회적·문화적 필요와 욕구를 충족시키고자 하는 사람들이 자발적으로 결성한 자율적인 조직이다. 앞서 설명한 계모임처럼 지역사회의 공통의 필요를 모아 우리들만의 힘으로 함께 필요를 충족하는 사업체를 꾸려간다. 그 협동의 경험이 차곡차곡 쌓이면서 협동의 힘에 대한 신뢰가 쌓이며 공생공락의 선택을 할 수 있게 한다.

그렇다면 지금의 대학은 협동을 경험하고 연습하기에 좋은 공간인가? 대학에서도 협동조합이 가능할까?

2. 이것이 큰 배움大學인가?

절대 권력을 행사하는 대학

언제부터인가 대학에 관해 좋은 얘기를 듣기 어렵다. 학문의 전당이라 불렸던 대학은 입시부정, 임용비리, 회계비리 같은 부정을 키우는 곳이자 이공계 위기, 인문학 위기 등 위기를 낳는 모태로 변했다. 게다가 성폭력, 엄격한 도제관계, 시간강사에 대한 부당한 대우와 착취 등 폭력과 억압을 조장하는 모습까지 보이고 있다.

왜 학문과 전혀 어울리지 않는 이런 모습이 나타나는 걸까? 바로 시선과 관심을 막으며 대학을 빙 둘러싸고 있는 '권위라 불리는 벽'들이다. 손오공의 여의봉처럼 자유자재로 늘어났다 줄어드는 이 벽은 밖으로 '대학의 자율성과 전문성'을 내걸어 개입을 막고, 안으로 '대학경영의 원칙과 효율성'을 외치며 마음대로 권력을 휘두르고 있다.

일단 대학은 '사학재단'이라는 영주의 성채로 변했다. 교육부라는 군주의 대신과 계약을 맺은 영주는 성안에서 발생하는 모든 일에 대해 결정권과 심의권을 가지며 절대적인 권력을 행사한다. 성내의 법률인 학칙도 영주의 마음대로 정해진다. 연초에 한번 세금을 바치는 학생들이 벌이는 등록금 투쟁을 제외하면 앞을 가로막을 장애물은 없다. 어떻게든 학생 수를 늘려 세금을 많이 걷는 게 중요하다 보니 대학교의 교원 일인당 학생 수는 일반 대학 기준 1980년 29.7명에서 2016년 22.9명으로 줄어들었을 뿐이다. 그러니 고등학교와 비슷한, 때론 훨씬 더 많은 학생들이 조그만 강의실에 갇혀 있다.

또한 사학재단은 학생들의 말을 듣는 게 귀찮을 뿐 아니라 올바르지 않다고 생각한다. 자연히 교수 충원이나 교과과정 개편도 학생들의 욕구가 아니라 영주에게 이윤을 가져다주는 방향으로 이루어진다.

영주와 계약을 맺고 학생들을 지배할 권위를 부여받은 기사들이 '대학교수'다. 그리고 이 기사들은 대학원생과 시간강사라는 부하들로 자기들만의 부대를 꾸리고 그 속에서 영주와 같은 권력을 행사한다. 똑똑한 부하들이 자신의 지위를 위협할 수도 있기에 기사들은 이 부대에게 더욱더 절대적인 복종을 강요한다. 이 기사들은 학생들의 절대적인 복종과 함께 무엇을 어떻게 가르칠 것인가라는 부분에서도 학생들의 의견을 철저히 무시한다. 학위라는 갑옷과 학점이라는 창으로 무장한 이 기사들은 전문가주의의 쇠퇴라는 사회의 흐름에도 아랑곳하지 않는다.

정말 두려운 것은 이런 봉건질서의 완고함만이 아니라, 학생들이 이런 권위에 자발적으로 복종하는 것을 당연하게 받아들인다는 사실이다. 이제 학생들은 대학의 봉건질서를 무너뜨리려 하지 않고, 그 질서에 복종하며 착실히 계단을 밟고 올라가 기사나 영주가 되려 한다. 또는 반사를 귀찮아하며 스스로 농노, 노예가 되려 한다. 이처럼 한국의 대학은 중세의 봉건제를 능가할 만큼 단단한 주종의 계약관계 혹은 먹이사슬로 구성되어 있다.

물론 대학이 중세시대에 등장한 공동체이기는 하다. 독일의 역사가 자입트F. Seibt는 대학이 신학공동체universitas에서 출현했다고 얘기한다. 하지만 암흑의 시대라 불리는 중세에도 대학은 가르치고 배우는 방식이 아니라 교수와 학생이 서로 질문을 던지는 토론 공동체였고 권위로 인정되어온 원전에 의문을 품었다. 토론을 중요하게 생각했던 대학의 학풍은 그것이 자리 잡은 지역사회까지 변화시켜내며 르네상스를 이끌었다.

그런데 한국의 대학은 어떤가? 토론은 없고 권위만 있다. 그 권위의 합리적이고 정서적인 바탕은 일방적인 가르침이 아니라 토론을 통해 만들어질 수 있다. 일반인들도 다 아는 상식을 왜 지성인들이 모를까?

그래도 이런 대학에서 균열을 일으키려는 사람들이 있다. 2010년 3월 김예슬 씨는 "(나는) 공부만 잘하면 모든 것을 용서받고, 경쟁에서 이기는 능력만을 키우며 나를 값비싼 상품으로 가공해(왔다)"며, 대학 거부를 선언했다. '대학입시거부로 세상을 바꾸는 투명가방끈들의 모임(투명가방끈)'이 생겨났고, 2015년에는 이들의 이야기를 모은 『우리는 대학을 거부한다』가 출간되었다.

공공성이 사라진 교육

한국에서 교육은 개인의 자아실현이나 입신양명을 위한 수단인 동시에 국가의 부흥을 위한 수단이었다. '국민교육헌장'에서 드러나듯이 보통교육의 목적은 자아의 발견이나 성장, 실현보다 국가의 건설과 부강에 초점이 맞춰졌다. 그러나 그 교육에 들어가는 비용은 국가가 아니라 개인의 몫이었다. 한국과 달리 독일 바이마르공화국헌법은 교육에 들어가는 학비만이 아니라 교육비용도 정부 부담으로 만들었다. 박종배 외(2014)는 바이마르공화국헌법의 "제145조 제1항은 8세~18세까지의 아동 및 청소년을 대상으로 민중학교Volksschule와 직업학교에서의 교육을 의무화하고, 교육에 필요한 수업료와 교과서 대금은 무상으로 지원한다고 규정하고 있다. … 학교법은 의무취학대상에 대한 규정과 별도로, 무상교육의 지원 범위를 '교과서를 포함한 수업교재'와 '학생 등하교 교통경비'로 규정하고 있으며, 이에 대한 구체적인 지원 방안은 시행령으로 규정하고 있다"고 평가한다. 인상적인 것은 이 헌법이 의무교육만이 아니라 교육에 필요한 경비까지도 국가의 의무로 정하고 있다는 점이다.

한국의 경우도 대한민국 임시정부 강령을 보면 정치균등, 경제균등과 함께 교육균등을 국민의 3대 권리로 봤고, 대한민국헌법도 균등하게 교육을 받을 권리를 보장하고 있고 의무교육을 무상으로 할 것을 규정하고 있다. 그렇지만 무상의 범위는 분명하게 규정되지 않고 학교나 교육제도와 관련된 부분은 법률로 위임되어 있다. 그러다 보니 헌법은 공교육을 보상하나 현실은 사교육을 중심으로 운영되는 보순이

바이마르공화국 헌법	대한민국 헌법
제4장 교육 및 학교 제142조 (1) 예술, 학문 및 그 교육은 자유이다. 국가는 이를 보호하고 이를 육성한다. .... 제145조 (1) 취학은 일반적인 의무이다. 그 의무의 이행은 원칙적으로 최소한 8년의 수학 연한을 갖는 국민학교와 그 후 18세까지의 상급 학교에 '취학하는 것으로서' 이루어진다. 국민학교와 상급 학교에서의 수업 및 학용품은 무상이다. (3) 자력이 궁핍한 자의 중급 및 상급 학교 진학을 위해 공화국, 지방 및 시·읍·면은 공공자금을 준비해야 한다. 특히 중급 및 상급 학교교육이 필요한 소년들의 양친을 위해 교육이 끝날 때까지의 학자 보조가 준비되어야 한다.	제31조 ① 모든 국민은 능력에 따라 균등하게 교육을 받을 권리를 가진다. ② 모든 국민은 그 보호하는 자녀에게 적어도 초등교육과 법률이 정하는 교육을 받게 할 의무를 진다. ③ 의무교육은 무상으로 한다. ④ 교육의 자주성·전문성·정치적 중립성 및 대학의 자율성은 법률이 정하는 바에 의하여 보장된다. ⑤ 국가는 평생교육을 진흥하여야 한다. ⑥ 학교교육 및 평생교육을 포함한 교육제도와 그 운영, 교육재정 및 교원의 지위에 관한 기본적인 사항은 법률로 정한다.

해방 이후 지속되었다.

1963년에 사립학교법이 제정되었지만 이 법은 교육의 공공성을 확보하는 것보다 외려 비리·족벌 사학재단을 비호하는 근거가 되었다. 사립학교의 운영비용이 거의 대부분 학생 등록금에 의존했는데도 정부는 교육의 책임을 대신 지고 있는 사학의 비리를 옹호하기에 급급했다. 그런 점에서 한홍구는 이렇게 묻는다. "현재 중·고교 사학은 학교만 설립자가 세웠을 뿐 재정 구조에서는 국공립이나 마찬가지다. '설립'은 사립일지 모르나 운영은 공적 자금으로 운영되는 사립공영학교라고나 할까? 이는 재단전입금이 전무하다시피 한 현실이 말해준다. 사립 중·고교의 경우, 1년 학교 운영비에서 재단이 내놓는 전입금은 고작 3.0%에 불과하다. 나머지 97%는 학생등록금과 국가보조금으로 충당되고 있는 셈이다."(한상권, 2011; 한홍구, 2006). 한국 정부는 공교육이라 말하지만 고등교육으로 갈수록 그 비용은 개인에게 떠넘겨졌다.

정부 예산 대비 교육부 예산 비율을 봐도 이 점이 잘 드러난다. 교육부 예산 비율은 증가추세를 보이다 1996년에 24%로 정점을 찍은 후 지속적으로 감소하고 있다. 양적으로는 늘어나고 있지만 전체 비중은 줄어들고 있다.

정부 예산과 교육부 예산 비교

단위: 천 원

연도	정부 예산(A)	교육부 예산(B)	B/A
1987	15,559,628,947	3,123,881,348	20.1
1990	22,689,432,968	5,062,431,258	22.3
1995	54,845,022,310	12,495,810,267	22.8
1996	64,926,817,730	15,565,216,500	24.0
2000	93,937,057,000	19,172,027,920	20.4
2005	134,370,378,000	27,982,002,000	20.8
2010	211,992,599,000	41,627,519,000	19.6
2011	264,092,862,000	45,116,643,669	17.1
2012	282,687,337,000	49,644,828,392	17.6
2013	303,847,514,000	50,424,128,000	16.6
2014	309,692,464,000	50,835,377,000	16.4
2015	322,787,071,000	51,224,093,676	15.9

출처: 『2015 교육통계연보』

흔히 교육 공공성은 국가가 교육 서비스를 보장하는 것으로 얘기되지만, 교육의 자율성과 다양성을 고려할 때 국가의 획일적인 개입이나 통제가 공공성에 나쁜 영향을 미친다고 얘기되기도 한다. 즉 교육에서 국가의 책임은 중요하지만 국가가 교육의 내용을 결정할 권한을 독점하는 것은 위험하다. 공공성은 국가가 보장하는 것(公)이기도 하지만 민이 함께 만들어가는 것(共)이기도 하다. 그래서 시간과 장소에 따라 公과 共의 적절한 균형을 유지하는 것이 교육의 중요한 과제라 하겠다.

이런 상황이다 보니 사립학교법 개정 과정은 교육 공공성에 관한 논쟁의 역사이기도 하다. 1963년에 처음 제정된 사립학교법은 사학의 설치 및 운영 주체로서 '학교법인'을, 학원의 지배구조로서 '이사회'를 규정하고 친족관계에 있는 사람들이 이사회의 1/3을 초과하지 못하도록 규정했다. 이후 사립학교법은 2016년 5월 29일 일부 개정안을 포함해 총 59차례 개정되었다.

『교육통계연보』에 따르면, 2013년 사립고등교육기관이 운용했던 자금 규모는 약 22조 6,000억 원 정도이다. 이 중 운영수입이 약 20조 원. 그중 등록금 수입이 약 14조 원이고, 재단전입금은 2조 원 정도이다. 즉 재단전입금이 국고보조금보다 적게 들어왔다. 2015년 사립고등교육기관이 운용한 자금 규모는 약 24조 4,000억 원인데, 등록금 수입은 약 14조 원으로 2,000억 정도 늘어났고, 전입금은 1조 9,000억 원으로 줄어들었으며 반대로 국고보조금은 3조 3,000억 원으로 늘어났다.

재단전입금으론 교원은 고사하고 직원 보수도 지급하지 못하는 학교는 사립일까, 공립일까? 학교는 이 돈으로 교원 보수 7조 5,000억 원, 직원 보수 2조 1,000억 원, 시설관리비 1조 1,000억 원, 운영비, 연구비 등등을 지출했다.

그런데 한국사학진흥재단의 「2015년 대학재정분석보고서」를 보면, 매년 등록금 수입의 10%에 가까운 1조 원가량의 돈이 적립되고 있다. 그동안 매년 등록금이 인상되었다는 점을 감안하면, 이것은 비정상적인 상황이라 하겠다. 그리고 적립금 중 가장 비중이 높은 것이 건축 적립금이고, 그다음이 기타 적립금이다. 학교의 자산이 학생들의 등록금으로 마련되고 있다는 점, 적립 목적이 분명하지 않은 기타 적립금은 다른 용도로 사용될 수 있다는 점에서 문제점을 찾을 수 있다.

캠퍼스인가, 복합매장인가?

지금 대부분의 대학들은 미래·글로벌·전문인력 양성이라는 목적을 내세워 대학의 운영체계를 바꾸고 있고, 캠퍼스 곳곳을 팔아 기금을 모으느라 바쁘다. 학교 발전 비전이 강조되면서 대학본부 중앙의 기획 단위에 지나치게 많은 권한이 집중되고, 학생이나 평교수, 직원들이 학교 운영에 참여하는 건 더욱더 어려워졌다. 이런 과정은 대학의 폐쇄적인 의사결정 구조를 더욱더 심화시키고, 글로벌 스탠다드를 내세운 각 전공별, 학과(학부)별 경쟁을 격화시키고 있다.

실제로 대학들의 비전은 하나같이 인프라 혁신·첨단화를 내세운 캠퍼스 공간의 물리적인 재편을 담고 있다. 연구복합단지, 제2캠퍼스, 유비쿼터스 캠퍼스 등을 내세운 공간의 물리적인 재편은 용역회사와 세콤 등의 기업체들이 대학의 주요 공간을 점유하고 '관리의 효율성'에 맞춰 생활공간을 재편성하고 있는 상황에서 캠퍼스의 '사유화'를 부추긴다. 더구나 이런 캠퍼스의 재편성은 대학들이 '일방적으로' 축적하고 있는 적립금을 정당화시켜준다.

이런 공공성을 거스르는 운영은 적립금만이 아니다. 서울에 있는 사립대학들이 2015년에 주식이나 채권 등의 유가증권에 약 9천억 원을 투자했지만 연 0.27%의 저조한 수익률을 기록했다. 2014년과 2013년에도 수익률이 연 1%를 넘지 못했다. 이런 상황에서도 사립대학들은 수익에 대한 관심을 버리지 않는다.

캠퍼스의 일상생활로 들어가면 그 장삿속이 더 노골적으로 드러난다. 외식업체들이 대학식당을 위탁 운영하는 경우가 많고 대부분의 업체들은 학생들의 건강보다 가격을 먼저 고려한다. 심지어 세종대에서는 학생들에게 싼 가격에 질 좋은 먹거리를 제공하는 대학생협을 학교가 강제로 몰아내려는 일이 벌어졌다. 대학생협이 운영하는 매점이나 식당은 기업체가 운영하는 곳보다 훨씬 싼데도 학교에 학교발전기금을 내놓지 않는다며 위협했고, 대학생협을 상대로 학교식당 및 복지시설의 운영권을 위임하라는 소송을 제기하기도 했다.

2015년 9월 대학 캠퍼스 안에 입점한 외부 상업시설에 무조건적으로 교육 면세 혜택을 줄 수 없다는 서울행정법원 판결이 내려지긴 했지만, 상업화의 물결은 막히지 않고 있다. 대학교육연구소의 정보공개청구 자료에 따르면 2017년 12월 1일 기준으로 서울지역 53개 대학에 입점한 일반음식점은 76개, 휴게음식점은 275개, 음식점 외 업체는 114개로 총 465개 업체가 입점해 있는 것으로 나타났다(2017년 12월 1일 기준). 이들 업체 가운데는 대기업 계열사나 유명 프랜차이즈도 상당수이다. 서울지역 대학에 가장 많이 입점한 업체는 (주)신세계푸드(5개 대학 총 19개 업체), (주)아워홈(10개 대학, 총 18개 업체)이었다. 대기업 그룹(자산총액 10조 원 이상인 기업집단)이 운영하는 업체를 분류한 결과, 총 83개로 전체 입점 업체의 17.8%를 차지하는 것으로 드러났다. 대학연구소는 대학들이 구성원들의 편의를 명분으로 상업시설을 확대하고 있으나, 이는 필연적으로 캠퍼스 물가 상승에 따른 구성원의 경제적 부담을 동반한다는 점을 지적하고 있다. 대학이 이익금으로 장학금 등을 지급한다 하더라도 이는 결과적으로 학생들의 소비에 따른 수익 일부를 돌려주는 것에 불과하다고 한다(대학교육연구소, 2018년 4월 19일 보도자료).

식당만이 아니다. 대학 기숙사들도 민간투자(BTL) 방식으로 세워진다. 즉 기업은 일정 기간 기숙사를 운영해 자금을 회수하고 15~20년 뒤에 기숙사를 대학에 기증하는 방식이다. 대학은 공짜로 건물을 받으니 이득이고, 기업은 안정적인 수익을 보장받을 수 있어서 좋다. 그런데 기업의 요구에 따라 대학이 신입생의 기숙사 입실을 권유하거나 의무화하는 곳도 있다고 한다. 결국 피해를 보는 건 일반 기숙사보다 2~3배 비싼 입주비를 내야 하는 학생들이다. 심지어 학생들에게 강제로 기숙사 식권을 사도록 하고 사지 않는 학생들을 강제 퇴사시키는 일까지 있었다. 학교가 '끼워팔기'까지 시도하는 상황이다.

또한 학교운동장 운영권을 학교가 외부에 팔기도 한다. 민간 업자가 운동장에 각종 시설을 설치하고 대여료를 받는 대신 20년 뒤에 대학에 시설을 넘겨준다는 조건이다. 앞서 얘기한 민간투자 방식이 운동장에도 적용되는 셈이다. 그러다 보니 체육 동아리들이 운동장조차 제대로 쓰지 못하는 의아한 풍경이 연출된다. 이 과정에서 학교 측은 학생들에게 아무런 의견도 구하지 않았다.

강의실도 마찬가지이다. 예전에는 학생들이 자유로이 강의실을 이용하고 심지어 강의실에서 밤을 지새우기도 했지만 지금은 그런 일이 불가능하다. 첨단 강의실을 만든다는 명목으로 강의실마다 컴퓨터와 빔 프로젝터를 갖추다 보니, 이를 관리한다는 명목으로 대학들은 민간 경비업체들에게 건물의 관리권을 넘겼다. 그러니 값비싼 공간이 될수록 학생들이 자치할 영역은 줄어드는 셈이다.

상업화라는 말은 대학이 대학 자산을 활용해 이윤을 추구한다는 것인데, 사실 그 시도는 이미 실패하고 있다. 그러면서 상업화가 명분이 되어 실제로는 대학의 상업화를 위한 시도에 국가 재원이 투입되고 있다. 박가분(2015)에 따르면, "대학 기업화 문제는 대학의 운영, 교육 및 연구, 재정이라는 세 가지 측면에서 접근할 수 있다. (1) 대학의 가치를 경제적 성과로 측정하고 대학운영을 기업 경영식으로 하는 것. (2) 대학의 교육과 연구의 내용이 기업의 필요에 종속되는 것. (3) 대학 재정의 재원을 기업의 후원과 기부 및 수익 사업으로 뒷받침하는 것." 문제는 "애초에 대학 기업화를 이데올로기적으로 정당화했던 핵심 가치 중 하나인 '기업을 통한 대학의 자체적인 재원 마련' 혹은 '수익 창출 모델 마련'에는 실패했다는 것은 분명"한데도, 마치 산학협력이 대학의 살 길처럼 얘기한다는 것. 그러다 보니 "대학과 기업 간의 연계를 강화시키기 위한 제도가 역으로 대학의 국가 재정에 대한 의존을 더욱 심화시키고 있는 셈이다." 앞서 살펴봤듯이 재단전입금이 줄어들고 국고보조금이 늘어나는 현실이 이를 증명한다. 학생들이 내는 돈으로 대학의 지갑은 두둑해지지만 그 돈을 활용할 권한은 학생들에게 없다. 외려 대학은 학생들의 지갑을 더 털어내려 노력한다.

어쩌면 지금의 대학은 공생공락이 아닌 각자도생이 옳다고 은연중에 가르치고 있는지 모른다. 공공과 공익은 사라지고 교육의 목표와 방향을 논하기 이전에 대학 스스로가 가장 먼저 앞장서서 자신의 이익을 챙기기에 급급한 모습일 수 있다. 그렇다면 이러한 곳에서 대학생들이 협동의 가능성을 인식하고 협동을 익히고 연습한다는 게 가능할까?

3. 협동조합을 통한
   대학의 공공성 확보 시도

대학 복지, 공생의 삶을 추구해본다

대학의 흐름은 협동을 거스르지만 공생의 삶을 추구하는 학생들이 등장하고 있다. '십시일반+匙一飯'이라는 사자성어에서 이름을 딴 '십시일밥'이라는 모임은 공강 시간을 찾아 학교식당에서 일을 하고 품삯 대신 식권을 받아 끼니를 챙겨 먹기에 빠듯한 같은 학교 학생들에게 기부하고 있다.

십시일밥을 처음 시작한 한양대 이호영 학생은 2013년 어느 날 학생식당에서 목격한 일 때문이라고 한다. 한눈에 봐도 단짝처럼 보이는 두 명이 식권 하나로 끼니를 해결하고 있었다. 그중 한 친구는 함께 온 친구가 먼저 식사를 하고 난 뒤 공깃밥을 리필 받아 끼니를 해결했다. 그가 몰랐던 또 다른 세상이었다. 이듬해 2월 불현듯 좋은 해결 방법을 떠올렸다. 수업 시간표를 짜다 보면 중간에 비는 시간이 생기는데 이를 활용하면 별도의 시간을 내지 않아도 봉사가 가능하다. 소수의 사람에게서 많은 시간을 요구할 게 아니라 다수의 사람에게서 짧은 시간을 빌리는 지속가능한 모델을 생각한 것이다. 봉사 장소는 학생식당, 기부금은 식권으로 정했다. 2년 6개월이 지나며 서울의 건국대, 경희대, 고려대, 서울대, 연세대를 비롯해 경기도 가천대, 경북대, 충북대 등 전국 29개 대학으로 퍼져나갔다. 그동안 참여한 봉사자 수는 2,529명, 식당 수도 51개로 늘었다. 이들이 나눠준 식권 수는 41,203장으로 2억 원이 넘는다(사회적경제언론인포럼, 2017).

한양대 식당 앞에 놓인 십시일밥 안내 배너,
"공강 시간에 봉사하자"

토익 점수, 학점, 공모전 등 스펙 쌓기에도 바쁜 대학생활에서 다른 친구들을 위해서 공강 시간을 낸다는 건 무척 감동스러운 일이다. 더불어 살아가는 삶을 실천하는 성숙된 시민의식이다. 하지만 이렇게 학생들의 자원봉사적 참여만으로는 복지 문제를 해결할 수 없다. 궁극적으로는 대학이 책임져야 할 부분이다. 높은 등록금 이외에도 의식주 등 대학생활을 해나가는 최소한의 비용을 줄일 수 있는 방법을 대학도 함께 고민해야 한다. 대학생의 얇은 지갑을 지켜줄 수 있는 방안은 무엇일까?

사실 등록금 인하 외에 정부가 대학 구성원들의 복지를 위해 해줄 수 있는 일은 대학생협을 활성화시키는 것이다. 대학생협의 역사를 살펴보면, 그 필요성이 잘 드러난다. 대학생협운동은 1985년 학원민주화운동의 흐름인 '학생복지위원회'에서 본격화되었다. 1987년 서울지역의 '학생복지위원회'들이 서로 정보를 교환하면서 모임을 가졌고, 1988년에 '서울지역학생복지위원회연합(서복련)'이 결성되었다. 1988년 10월, 최초의 대학생협인 '서강대학교소비자협동조합'이 만들어졌다. 그 뒤 이화여대, 조선대, 경희대, 한국외대 등에서 대학생협이 만들어졌고, '한솥밥을 먹는 우리'라는 대학노트 판매, 자판기용 종이컵 공동제작, 커피 재료 공동구매, 우리 옷 공동구매, 음식물 찌꺼기 사료화, 분리수거운동 등을 벌였다. 대학생협은 공동구매를 통해 값싸고 질 좋은 상품을 구매하고, 조합원들의 입장에서 복지시설을 운영하고, 투명하고 공개적인 운영으로 조합의 영리보다 조합원의 행복을 추구한다. 예를 들어, 생협이 파는 음료수 가격은 대략 500~600원으로 편의점이나 가게보다 약 300~400원가량 싸고, 생협이 운영하는 학생식당의 가격은 평균 2,500원으로 외부 식당보다 1,000원~1,500원 정도 싸다. 그리고 생협은 매장이나 식당을 운영할 뿐 아니라 택배를 받고 우산을 빌려주는 등 학생들의 생활을 구체적으로 지원한다. 대학생협은 대학생과 구성원의 복지를 향상시키는 기관이다.

　　대학생협의 활동 역시 공익적이다. 대학생협은 대학생협설명회, 대학생 생협학교 등의 '교육사업', 비조합원과 조합원들에게 대학생협의 활동을 알리는 '홍보사업', 공동교섭, 공동구매, 공동제작 등 조합원들에게 경제적인 혜택을 주는 '경제지원사업', 일본 대학생협과의 교류를 비롯한 '국제교류사업' 등의 활동을 펼치고 있다. 이런 활동들은 대학생들만이 아니라 대학 내의 다양한 구성원들에게 새로운 시야와 경험을 제공하고 있다.

더 구체적인 예를 들자면, 세종대생협의 경우 재무 현황이 모두 공개되고 대의원들이 주요한 의사를 결정한다. 식사나 물품 가격을 올리기보다는 조합원의 삶을 먼저 고민하고, 그러다 보니 조합원의 편의를 위해 학생들의 택배도 대신 받아준다. 교직원과 학생이 함께 김장나눔 행사를 해서 지역의 독거노인과 소외 계층에게 김치도 주고 연말에는 연탄나눔 봉사활동도 함께한다. 이런 단체가 공공단체가 아니라면 대체 무엇이 공익을 보장하는 기관일까?

협동조합은 이런 상업화에 대한 좋은 대안이 될 수 있다. 그리고 그 과정에서 새로운 교육 흐름이 만들어질 수도 있다. 우선 대학생협은 현실적으로 대학 내에서 학생과 직원, 교수가 만나 동등하게 이야기를 나눌 수 있는 거의 유일한 장소가 되고 있다. 후생복지와 관련된 내용만이 아니라 학교의 민주적인 운영이나 새로운 사업, 새로운 교육과 배움이 그런 만남의 주제가 될 수 있다. 필요한 것은 대학생협이 그런 역할을 제대로, 잘 맡을 수 있도록 관련 제도를 정비하고 주체들을 양성하는 일이다.

정부가 대학의 수익사업을 허용하는 정책을 실시하면서 대학이 생존과 재무구조 개선을 위해 교내 복지 사업에서 수익을 극대화하려는 현상이 나타나게 되었다. 이에 부합하여 외부 영리기업들이 대학에 발전기금이나 시설사용료(임대료)를 납부하면서 대학은 단기적인 수입에 현혹되어 BTL(임대형 민자사업), BTO(수익형 민자사업) 사업 빙식을 무분별하게 받아들이고 있고 이는 결국 학생들의 경제적 부담으로 귀결되고 있다. 또한 학생 수 감소로 인하여 대학 내 많은 신규 건축물의 건립은 오히려 독이 될 수도 있음에도 대학은 서로 경쟁이라도 하듯이 하드웨어 확대에 열을 올리고 있다.

이에 더해 유행에 민감한 젊은 세대들을 겨냥하여 각종 프랜차이즈들이 대학에 입점하고 있다. 대표적으로는 매점 분야의 CU 혹은 GS25나 각종 원두커피 브랜드들이 일반 개인이나 법인 가맹점 형태로 대학 내에서 복지매장을 운영하고 있다. 이는 전통적으로 대학생협이 운영하는 복지매장과 업종이 겹치면서 현재는 대학생협이 프랜차이즈들과 경쟁해야만 하는 상황이 점차 확대되고 있다. 일본 대학생협의 경우 편의점과의 경쟁 문제는 이미 오래전부터 발생했고, 결국 메이저급 대학생협만이 생존하는 양상이 나타나고 있다. 극단적일 경우 대학에 많은 발전기금이나 기부금을 납부하는 프랜차이즈 업체들이 호감을 얻으면서 대학생협이 미운 오리새끼 취급을 받을 수도 있다는 위기감은 단순한 기우가 아닐 것이다.

정부가 대학 공공성의 강화를 바란다면 비리와 비효율로 점철된 사학재단보다 대학생협의 역할에 주목해야 한다. 비전과 발전기금에만 목을 매는 대학 당국은 대학을 정상화시킬 수 없고, 대학의 특성상 구성원들의 위치가 구조적으로 다를 수밖에 없는 곳에서는 대학생협처럼 대등한 조합원으로서 서로의 입장을 밝히고 들을 수 있는 장이 중요하다. 협동이 어느 날 갑자기 이루어질 수는 없는 노릇이다. 단지 반값 등록금만이 아니라 청년세대의 어려움을 실감하고 그 처지를 개선시키고자 한다면, 대학생협이 더 적극적인 역할을 맡아야 한다.

대학 안팎에 작은 공동체가 생긴다면?

대학 내에서 대학을 바꾸는 건 불가능할까? 아무래도 대학 내에서 변화를 꿈꾸려면 비빌 언덕이 있어야 하는데 그런 언덕을 찾기가 쉽지 않다.

그런 점에서 대학생협이 대학의 변화를 뒷받침할 든든한 버팀목이긴 하지만 생협의 힘만으로는 쉽지 않은 일이다. 대학생협만이 아니라 대학의 구성원들이 자기 역량을 되찾고 강화시켜야 하는데, 생협이라는 생활의 장이 디딤돌 역할을 할 수 있다. 기성의 학생운동이나 사회운동보다는 생활을 통해 협동하는 대학생협의 문턱이 훨씬 낮기 때문이다. 예를 들어, 생협은 학생운동만이 아니라 녹색가게나 재활용 등 생활에 관심을 가진 학생들도 끌어안을 수 있다. 실제로 대학생들이 생협에 참여하는 이유는 생활에 도움이 되어서, 생협운동의 취지에 공감해서, 생협운동 열심히 하니까 등으로 다양하다. 학생들은 식당 모니터링, 식당 페스티벌, 생태문화제, 녹색가게 등을 통해 다양한 사람들을 만나고 유기농활, 생협학교, 한일조합원 교류 같은 교육을 통해 점점 역량을 쌓는다. 수습위원, 학생위원, 학생이사로 성장하면서 생활과 고민의 폭이 넓어진다.

물론 이런 과정이 쉽고 수월하지만은 않다. 대학생들에 비해 다른 구성원들의 인식은 떨어진다. 교수들과 교직원들은 생협을 식당과 매점 등을 운영하는 복지기구로 생각하고 협동조합과 소비운동의 중요성을 잘 모른다. 학생들의 경우도 참여율이 떨어지거나 교육이 잘 이뤄지지 않고 시간이 지나면 졸업을 하기 때문에 활동의 연속성도 떨어진다. 그래서 새로운 실험들이 필요하다.

외국에는 그런 예가 제법 많은 듯하다. 예를 들어 캐나다 맥길대학교 학생들이 시작한 주거공동체 Co-op sur Généreux를 보자. 2003년도에 맥길대학교 학생들이 만든 이 주거공동체는 13명이 사는 이층 건물이다. 이 주거공동체는 버려질 수 있는 야채를 활용해서 음식을 만들어 거리에서 나누어주면서 반전과 평화를 알리는 '폭탄이 아니라 음식을Food not Bombs'이라는 운동을 펼치기도 하고, 대형 쓰레기통 뒤지기dumpster diving 같은 프로젝트를 통해 라이프스타일 변화를 위한 활동을 펼치기도 했다. 함께 모여 저녁식사를 하고 정기적으로 모여 서로의 생활에 대해 토론하고 만장일치로 결정을 내리면서 다양한 사람들이 섞여 살았다. 이 주거공동체에 들어가는 방법은 간단하지만 까다롭다. 즉 지금 살고 있는 사람들에게 자신을 소개해서 그들의 마음에 들어야 한다. 오랫동안 사는 사람이 적고 지역 공동체와의 연계가 쉽게 이루어지진 않지만 새로운 실험이라 볼 수 있다.

미국에도 여러 개의 주거협동조합들이 있다. 텍사스대학교의 학생들이 협동조합 방식으로 운영하는 컬리지하우스(http://www.collegehouses.org)와 협동조합 간 클럽(http://iccaustin.coop)도 그런 곳이다. 이들은 서로 다른 취향을 가진 사람들이 공동주택에서 함께 사는 방법을 연습하고 있다. 그리고 미국의 유명한 여성 아나키스트 클레이르Voltairine de Cleyre의 이름을 본떠 1998년에 만들어진 클레이르 공동체도 있다. 클레이르 공동체는 채식을 하고 마을극장을 운영하며 풀뿌리운동의 싹을 내리고 있다.

일본에서도 대학생협의 활동이 활발하고 의류, 주거를 포함한 다양한 활동을 펼치고 있다. 일본으로 유학을 가는 사람들에게 대학생협에 가입하라고 충고를 할 만큼 대학생협은 대학생활의 필수 요소가 되고 있다.

대학생협이 운영하는 매점, 식당, 서점 등의 사업과 주거공동체를 연계하면 말 그대로 먹고 생활하고 사는 생활 전체가 협동의 틀 내에서 이루어질 수 있다. 꼭 새로운 집을 지을 필요는 없고 지역의 풀뿌리운동단체들과 연계하면 의외로 좋은 공간을 마련할 수도 있다. 그러면 대학의 안과 밖에 작은 코뮌commune들이 생겨서 대학을 바꿀 힘을 조금씩 만들 수 있지 않을까?

방글라데시에서 가난한 사람들의 은행인 그라민 은행을 만든 유누스M. Yunus 교수는 캠퍼스 근처의 노는 땅을 지역 주민이 활용할 수 없다면, 대학이 자신의 지식에 도취되어 주민들과 관계를 맺지 않는다면, 대학이 이 사회에 무슨 도움을 줄 수 있는가라고 물었다. 유누스는 학교에서 가르치는 경제학이 가난한 사람들의 삶을 더 나은 방향으로 바꿀 수 없다면 학문의 의미가 없다고 믿으며 현실로 뛰어들었다.

대학의 공공성은 단순히 대학이 지역사회에 몇 가지 서비스를 제공한다고 해서 생기지 않는다. 대학이 지역사회와 섞이며 소통하고 새로운 변화의 기반을 닦는 일을 담당할 때에만 대학의 공공성이 회복될 수 있기 때문이다.

사실 대학이나 대학생의 삶과 지역사회가 서로 분리될 수도 없다. 예를 들어 서울시의 개발계획은 그 지역의 대학생에게도 영향을 미칠 수밖에 없고, 이미 치솟는 등록금에 신음하는 대학생들이 비싼 하숙

비나 월세를 내지 못해 길거리로 내몰릴지도 모른다. 기숙사도 턱없이 부족한 상황에서 이런 재개발은 대학과 대학생들의 삶에 직접적인 영향을 미칠 수밖에 없다.

이처럼 지역사회의 변화는 그 속의 대학이나 대학생의 삶에 영향을 미칠 수밖에 없으니 대학은 지역사회에 관한 총체적인 시각을 가져야 한다. 대학의 교육과정 자체가 이런 지역사회의 변화를 다루고 대안을 모색할 때에만, 대학이 지역학의 기반이 될 때에만 대학의 공공성이 살아날 수 있다.

상상력을 동원하면 앞으로 닥쳐올 사회적 위기를 대비하며 대학이 지역사회의 거점이 될 수 있는 방안은 여러 가지가 있다. 다가올 식량 위기를 대비해 대학이 지역사회 먹거리 순환(로컬푸드)의 한 축을 담당할 수 있다. 대학이 학교 내 급식을 친환경 유기농 먹거리로 전환하고 지역 내의 초·중·고등학교를 대상으로 학교급식센터를 설립해 운영할 수도 있다(원주 상지대는 이런 전환의 기반을 닦고 있다). 대학이 캠퍼스 안의 자투리 공간을 이용해 도시농업을 하고 그와 관련된 다양한 연구를 책임지고 진행할 수도 있다.

또 대학의 화장실과 식당에서 나오는 자원(쓰레기가 아니다!)을 발효시킨 바이오메탄은 지역사회의 중요한 에너지원이 될 수 있다. 얼마 전 '녹색연합'은 2007년 국내 대학들이 사용한 에너지의 양을 분석한 결과 2000년과 비교할 때 84.9%나 소비량이 늘어났다고 주장한다(같은 기간 한국 사회의 전체 에너지 소비량 증가폭보다 무려 3.7배나 높다). 각 대학들이 캠퍼스에 건물을 신축하거나 증축해서 에너지를 낭비하고 에너지 효율을 감소시켰기 때문이다. 학교 자산만 불리는 나쁜 확장을 그만두고 에너지를 생산하는 기지로 변신한다면 대학은 지역사회에 에너지를 공급하는 역할을 담당할 수도 있다. 대학이 에너지를 잡아먹는 블랙홀에서 에너지 농장으로 변신할 수 있다.

식량 위기와 에너지 위기의 시대에 대학은 지역사회 대안의 중심지가 될 수 있다. 그리고 대학의 교과과정이 이런 대안을 중심으로 구성된다면, 대학은 명실상부하게 대안적인 지역사회의 거점이 될 것이다. 대학의 각 전공 학문이 그 지역에 맞는 대안을 주민들과 함께 만들어 간다면 생각은 결코 꿈으로 그치지 않을 것이다.

어떤가? 조금은 협동조합이 가깝게 느껴지나? 설마! 아직까지도 협동조합의 정체가 아리송하고, 여전히 경제학원론에서 역사적 사조로나 나올 법한 정체를 알 수 없지만 화석화된 그 무엇으로 느껴질 것이다.

여러분을 위해 준비한 게 바로 같은 대학생들이 만들고 운영하는 협동조합이다. 앞서 간략히 언급한 캠퍼스의 여러 협동조합 사례를 국외와 국내를 넘나들며 좀 더 가깝게 느껴보자.

2장

외국의 캠퍼스 협동조합

이번 장에서는 대학생들과 협동조합이 무슨 연관성이 있지 싶은 독자들을 위해 외국의 다양한 캠퍼스 협동조합 사례를 소개해보고자 한다. 우리에게는 생소한 기숙사 협동조합부터 학생들의 생필품을 스스로 판매하고 운영해보는 협동상점 모델까지 다양한 외국의 캠퍼스 협동조합 사례를 살펴보려 한다. 외국의 사례가 좋으니 무조건 따라 하자는 것은 아니다. 외국과 다른 우리만의 상황이 있기 때문이다. 그럼에도 우리 스스로 갇힌 상상력의 틀을 벗어나는 차원에서 다양한 외국의 캠퍼스 협동조합을 살펴보자.

1. 주거문제를 스스로 해결, 미국 기숙사협동조합

기숙사협동조합의 신세계에 입문하다

필자[1]는 협동조합을 공부하고자 하는 욕심에 2007년에 위스콘신-매디슨대학으로 유학을 가게 되었다. 여러 협동조합이 발달했다는 것은 알고 있었지만 그럼에도 기숙사협동조합이 있는 줄은 몰랐었다. 나는 당시 일하다가 유학을 가는 것이었기 때문에 다른 유학생들처럼 어학연수를 위해 몇 달 먼저 가지도 못했다. 그렇다고 부지런해서 인터넷에서 미리 집을 알아보지도 못했다. 그러면서도 대학원생을 위한 아파트형 학교 기숙사가 있다고 해서 안심하고 있었다.

막상 개학 한 달 전에 출국 준비하면서 신청하려고 연락해보니 합격발표 직후 거의 마감된다는 것이었다. 대부분의 학생은 민간 임대 아파트를 이용한다는 것도 이때 알았다. 왜 바지런함은 나의 것이 아닌가. 한탄하고 있었는데, 유학생 사전 미팅에서 만났던 어떤 참한 학

---

1. 공동 필자 중 하나인 박주희 연구원의 미국 기숙사협동조합에서의 경험을 담았다.

생이 매디슨에 어학 연수차 먼저 간 분이 계셨는데 도착해보니 유학생들이 모여 사는 코압(co-op)이라는 곳이 있어서 지원해봤다는 이야기를 메일로 해주었다. 주로 유럽 쪽에서 미국으로 유학 온 친구들이 모여 사는 집인데 자기는 인터뷰해서 떨어졌는데 관심 있으면 지원해보라는 것이었다. "누나가 협동조합 공부한다고 하지 않았어요? 그게 협동조합 같더라고요." 나는 '오! 내가 협동조합을 공부하러 가는데 심지어 협동조합에 살 수 있다니' 하는 생각에 흥분해서 홈페이지를 찾아봤다.

MCC(Madison Community Cooperatives)라는 곳에 7개의 협동조합이 속해 있었다. 나에게 소개해준 친구가 말한 곳은 인터내셔널 코압이었는데 그 외에도 여러 협동조합이 있었다. 나는 리스트를 보다가 엠마 골드만Emma Goldman(당시와 달리 현재는 이름이 오드리로드Audre Lorde 코압으로 변경되었다) 코압에 눈이 갔다. 엠마 골드만은 유명한 페미니스트였다. 이 사람의 이름을 내건 협동조합은 '활동가들을 위한 집'이라는 모토를 달고 있었다. 여성과 성소수자들, 그리고 피플 오브 컬러(people of color, 컬러 색상의 사람들! 유색인종이라고 번역하는 순간 맛이 훨씬 떨어진다)가 안전하고 편안하게 느낄 수 있는 공간을 표명하고 있었다.

딱! '이 협동조합이야'란 느낌이 들어 나는 바로 방이 아직 남아 있는지 물어보는 메일을 보냈다. 다행히 하나 남아 있다는 답신을 받았다. 신이 나서 신청서 양식에 나온 질문들에 답변서를 작성해서 보냈다. 질문지에는 좋아하는 색깔과 음식, 고양이를 좋아하는지, 요리나 청소를 잘하는지, 페미니즘이 뭐라고 생각하는지 등의 질문이 담겨 있었다. 시간이 없어서 대강 작성했는데 혹시 몰라서 다른 코압도 몇 곳 지원했다. 기다리던 중에 엠마 골드만 코압에서 의외로 빠른 답장이 왔다.

기대했던 마음과 달리, 신청자가 여러 명이어서 아무래도 힘들 것 같다는 답신이었다. 나는 신청서를 대강 작성한 것을 후회하고 한 가지 질문에 대한 답을 보강해서 다시 보냈다. '나에게 페미니즘이 무엇인가'라는 질문에 대해서 한 줄로 답변했던 내용을 한 페이지로 풀어서 보냈다. 나의 청소년기와 대학 시절의 고민이 담겨 있는 솔직한 답변이었다. 거기에 꼭 살고 싶다는 말을 덧붙였다. 집이 결정되지 않은 상태에서 내가 매디슨에 도착한 지 이틀 뒤에야 다시 메일이 왔다.

"하우스 메이트가 된 것을 축하해! 식구들이 너를 만나고 싶어 해!"

혹시나 해서 다른 집을 알아보는 중에 답신을 받고 기쁜 마음으로 한걸음에 달려갔다. 엠마 골드만 코압 테라스 담벼락의 유명한 문구가 나를 반겨주었다. 우리나라에서 나온 책 제목으로도 사용된 "내가 춤출 수 없다면 나는 당신의 혁명에 참여하지 않겠어요(If I cannot dance, I will not be part of your revolution!)!" 정치적 변화가 일어난다고 해도 여성들이 여전히 억압받는 상황에 대해 소수자의 관점을 강조하는 문구였다. 1990년대 중반 학번으로서 운동사회 성폭력 이슈가 전면에 등장하고 군대식 대학문화의 변화가 활발히 이루어지던 시기에 새내기를 경험한 나로서는 보자마자 '내 집이구먼' 하는 생각이 들었다.

3층 건물은 오래된 프랑스식 건물을 사들여서 개조하였다. 1층에는 큰 거실과 부엌, 작은 방이 하나 있었고, 2층과 3층에는 방들이 있

미국 위스콘신주 매디슨의 기숙사협동조합 엠마 골드만의 입주학생들이 함께 모여 휴식을 취하고 있다.

었다. 화장실은 층별로 하나씩 있었고, 건물 전체에 15개의 방이 있었다. 두 방은 커플이 살고 있어서 총 17명이 함께 살았다. 내가 도착하자 비어 있는 방을 안내해주었다. 아! 아름다운 방이었다! 작은 방은 청록색 페인트로 칠해져 있었다. 한쪽 벽에는 먼저 그 방을 썼던 친구가 그려놓은 심플하지만 아름다운 검은 실루엣 그림이 그려져 있었다. 그 그림은 미국 올림픽 육상 영웅이 시상식에서 했던 퍼포먼스 장면을 그린 것이었다. 흑인 민권운동이 활발하던 시기에 올림픽 육상에서 은메달을 따고 시상식에 오르면서 흑인 빈곤 문제에 대한 항의와 운동 지지 차원으로 보여준 사진 속 장면이다. 오른손 맨주먹을 위로 올리고 고개를 숙인 사진의 실루엣을 벽에 그려놓은 것이다. 아! 좋다! 너무 좋다!

그런데 방을 정하는 것을 단순히 이런 느낌만으로는 안 된다. 생활하는 곳이니 조건도 따져봐야 한다. 자세히 체크하기 시작했다. 창에 햇빛은 잘 드는지 등등. 문제를 발견했다. 2층 화장실이 그 방 옆에 있었다. 나는 밤에 잠을 잘 깨는 편인데 혹시라도 밤에 화장실에 들락거리는 소리나 물소리 때문에 힘들진 않을까? 아, 근데 지금 와서 이 방이 싫다고 하면 두 번이나 신청서를 보내면서 같이 살고 싶다고 애원한 나를 받아준 저 친구들에게 미안한 일이 아닌가. 어쩌지, 방을 바꿔달라고 하면 바꿔줄까. 이건 곧 방을 양보해달라는 말인 셈인데, 그래도 되는 걸까. 하우스 메이트들이 테라스에서 저녁식사를 위해서 모여 있었다. 나도 방을 구경한 후에 환영식을 겸해 함께 밥을 먹을 예정이었다. 계단을 내려오면서 나는 있는 용기 없는 용기를 다 끌어냈다. 그리고 말했다. 혹시 방 바꿔줄 수 없느냐고.

하우스 메이트들은 '아이고' 하는 표정이었다. 이미 새로운 식구를 정하느라 논쟁이 많았던 것 같았다. 나와 함께 살고 싶어 했던 친구도 있고 다른 지원자와 함께 살고 싶어 한 친구도 있었다. 투표와 논쟁을 통해 결정된 판이었다. 한 친구가 말을 꺼냈다. "좋아. 혹시 자기 방을 바꿔줄 사람 있어?" 순간의 침묵. 한 친구가 손을 들었다. "내가 한번 생각해볼게. 좁은 방으로 옮기면 임대료도 줄고 방 배치를 바꾸는 계기도 될 수 있으니까." 나중에 알고 보니 그는 나에게 투표하지 않았던 친구인데, 나에게 호의를 베풀어준 것이어서 더 고마웠다. 내가 두 번째 방도 싫다고 할까 봐 애들이 밥 먹는 동안 걱정했다고 한다. 정말 사람 뽑는 데 너무 많은 논쟁을 하고 에너지를 썼기 때문이라고. 어쨌든 그래서 나는 그 아름다운 방이 아니라 그 앞에 있던 방으로 들어가게 되었다.

이 새로운 방을 양보해준 친구는 깔끔한 성격은 아니었던지 나는 그 방을 그대로 쓰지 않고 인테리어를 좀 바꿔야겠다고 생각했다. 하우스 메이트의 도움을 받아서 페인트와 장판을 샀다. 난생 처음 벽에 페인트를 바르고 인터넷 벼룩시장에서 구한 커튼과 침대를 마련했다. 미국식 백열등에 적응되지 않은 상태였고, 대학원생이라 책을 많이 보는 편이니 방을 밝게 해야 한다는 생각으로 벽을 하얀색으로 칠했다. 침대 시트는 무심코 가장 싼 것으로 하얀색을 샀는데 나중에 후회스럽기는 했다. 이전 방보다 훨씬 좋아졌다고 생각했는데, 친구들은 내 방이 병원 같다고 놀렸다. 어쨌든 그렇게 나의 방이 마련되었다. 기숙사 협동조합에서의 새로운 삶이었다.

미국의 기숙사협동조합

내게는 우연처럼 다가온 기숙사협동조합이지만, 사실 미국에서는 비교적 익숙한 개념이다.

2010년 기준으로 미국에는 6,400개의 주택협동조합이 120만 개의 주택을 공급하고 있다. 이는 전체 주택의 1%를 차지한다. 이 중 절반은 뉴욕시에 있고 나머지도 워싱턴, 샌프란시스코, 시카고와 같은 도시지역에 주로 존재한다. 서민층을 위한 주택협동조합은 1920대부터 이민자그룹과 노동조합이 중심이 된 협동조합들에 기원을 두고 있다. 1930년대에 학생들의 주택협동조합운동이 시작됐다. 1940년대에는 뉴욕 밖에도 서민층을 위한 주택협동조합이 생기기 시작했다. 2차 세계대전 이후에는 주택 수요 증가로 협동조합이 전국적으로 늘어났다. 1951년에 노동조합의 협동조합들이 연합체로서 United Housing

Foundation(UHF)을 만들었다(SF CLT 자료; Sazama 2000).

일반적으로 미국의 임대형 주택협동조합은 거주자들이 조합원이 되어 협동조합법인을 소유하고 다시 개별 호수를 임대를 해주는 방식으로 운영된다. 우리나라와 달리 미국의 임대차 계약은 전세가 없고 완전한 월세 개념이고 임대보증금은 한 달 치 임대료(월세) 정도를 미리내는 방식이다. 주택협동조합도 임대보증금에 추가로 출자금을 낸다는 것 외에는 미국의 일반적인 임대주택과 별반 다르지 않다. 출자금은 몇만 원 수준이서 크게 의미 없는 금액인 경우가 많지만, 우리나라 전세처럼 주택 건설비용을 일정 정도 충당할 만한 수준인 경우도 있다.

따라서 주택협동조합의 조합원은 임차인이면서 동시에 집주인이다. 그렇다면 주택협동조합의 거주자가 일반 임차인과 다른 점은 무엇일까? 그건 이사를 가지 않는 이상 그 집에 머무를 수 있다는 점이다. 주택협동조합의 거주자가 일반 건물주와 다른 점은? 주택 및 토지 가격 상승으로 생긴 자본이득이 조합원들에게 귀속되는 것이 아니라 협동조합법인에 귀속시킨다는 점이다. 거주자들은 이사를 가게 될 때 협동조합을 탈퇴하는데 그 기간 동안 주택가치가 상승했다고 하더라도 초기에 낸 출자금의 지분가치를 크게 반영하기보다는 원래의 금액 그대로 받는 경우가 많다. 이는 주택이 투자수단이라기보다는 지속적으로 시세보다 낮은 가격으로 거주자들이 입주할 수 있게 하는 요인이된다.

이 중에서도 기숙사협동조합은 캠퍼스 주위에 주로 분포되어 있는 학생들이 입주자가 되는 주택협동조합이다. 미시간의 앤아버, 위스콘신의 매니슨, 캘리포니아의 버클리 등이 그 예이나. 100명이 넘는 학생들이 함께 거주하는 형태도 있지만 10여 명의 학생이 거주하며 공동생활 공간을 유지하는 작은 협동조합들도 있다. 북미협동조합학생연합North American Students of Cooperation은 캐나다와 미국 지역의 주택협동조합을 포함한 다양한 학생협동조합의 연합조직으로, 학생주택협동조합에 대한 다양한 교육 및 지원활동을 하고 있다(NASCO, 2012; 박주희, 2012 재인용).

그런데 학생들은 일반 주택협동조합의 조합원과 달리 거주 기간이 짧고, 출자금도 몇만 원 수준으로 거의 의미 없는 수준이다. 외관상으로 보면 임대료가 조금 더 낮다는 것 말고는 이렇게 미국의 일반적 임대차계약과 별로 다르지 않아 보이는 것이다. 그런데도 기숙사협동조합이 주변 시세보다 임대료가 쌀 수 있는 이유는 일반 임대업과 달리 비영리로 운영되기 때문이다. 임대이익을 과도하게 취하지 않고, 운영관리에 거주자들이 참여함으로써 운영비용을 줄이는 방식이다.

그런데 독자들은 여전히 의문이 생길 것이다. 아니 토지와 건축의 비용은 엄청 비쌀 텐데 거주자 조합원들이 출자금과 임대보증금으로 어떻게 그 비용을 유지할 수 있을까 하는 의문이다. 이는 협동조합으로서 집주인이 가져가는 이윤이 없기 때문이다. 기숙사협동조합들은 건물과 토지 값이 뛰었을 때, 자산가치 상승분을 입주자 개인이 아니라 협동조합 공동의 몫으로 돌리는 경우가 많다. 해마다 새로 들어오는 학생들에게 지속적으로 싼값의 쉼터를 공급할 수 있도록 하자는 취지다. 비영리기관에서 토지나 건물의 일부를 학생주택협동조합에 지원하기도 한다. 나의 경우는 한 달 330달러에 식비로 100달러를 추가 부담했는데, 쌍둥이 같은 바로 옆집은 집세만 500달러였다.

내가 머물던 MCC를 예로 들면 1980년대에 개발되었는데 그때 기부금과 출자금 그리고 은행 융자를 통해서 낡은 건물을 사서 수리를 하였다. 그리고 오랜 세월에 걸쳐 그 지역의 주택가치가 상승함에 따라 협동조합의 임대료 수입도 상승하였다. 물론 근처의 다른 주택에 비해서는 낮은 가격의 임대료를 받는다고 하더라도 이러한 임대료 수입을 모아서 부채를 줄여 나갈 수 있었다. 또 협동조합법인이 부채 없이 직접 토지와 건물을 소유하게 되었다. 이를 통해 건물을 늘려가면서 현재는 5개의 건물을 소유하게 되었다. 다음은 북미협동조합학생연합에서 제시하는 주요 학생주택협동조합 소속 주택의 임대료를 비교한 표이다. 건물 연식 등을 비교하지 않은 단순 비교이지만 학생주택협동조합이 낮은 가격의 주택을 공급하는 경향이 있음을 보여준다.

주요 학생주택협동조합(연합회) 소속 주택의 임대료 비교

주요 학생주택협동조합	최소 임대료	최대 임대료	시장평균 임대료
Inter-Cooperative Council(Ann Arbor)	352	464	941
Michigan State Student Housing Cooperative	200	300	728
Berkeley Student Coops	451	451	1,083
Santa Barbara Student Housing Cooperative	369	564	1,310
University Cooperative Housing Assoc(UCLA)	428	551	986
College Houses(Austin)	269	529	829
UT Inter-Cooperative Council(Austin)	340	470	829
Madison Community Coop(Madison)	250	475	814
Riverton Community Housing(Minneapolis)	496	856	716

출처: NASCO http://www.nasco.coop/development/node/3784

집세가 싼 또 다른 이유는 학생들의 자발적 참여로 관리비를 눈에 띄게 떨어뜨린 데 있다. 식사준비, 설거지, 청소, 잔디깎기, 물품구입 같은 일을 학생들이 분담하는데, 보통 주 5~6시간을 할애해야 한다. 필자는 주 1회 저녁식사를 준비하고 채소를 구매하는 일을 맡았다. 새 입주자를 안내해 계약하는 관리업무도 학생들이 맡는다. 학생들은 한 달에 두 차례 전체 회의를 열어 협동조합 운영 전반을 논의한다.

공동 운영의 즐거움과 어려움

필자가 거주했던 엠마 골드만 기숙사협동조합은 17명이 공동체 생활을 하는 곳이었고, 앞서 소개한 대로 2007년 입주해서 2년 동안 살았다. '식구들'은 위스콘신 학생이 다수였고, 졸업생과 지역 주민도 있었다. 처음 엠마 골드만을 찾아갔을 때, 안내 담당 학생이 집을 보여주고는 식구가 될 입주 학생들과의 미팅을 주선해주었다. 요리를 잘하는지, 친구와 갈등이 있을 때 어떻게 풀어나가는지 여러 질문을 받았던 기억이 난다.

나는 주로 주 1회 저녁식사와 장보기를 담당했다. 우리 주택협동조합에서는 협동조합 간 협동의 정신을 발휘해 가급적 지역의 협동조합을 이용하곤 했다. 지역 생협이나 지역 농부들이 판매하는 파머스마켓에서 식재료를, 약사들의 노동자협동조합에서 생활용품을 구입하는 방식이다. 이처럼 공동생활을 위해 다양한 업무들을 나눠서 진행을 하며 그 과정에서도 최대한 우리 협동조합의 가치를 발휘하기 위해 노력한다.

그렇다면 공동으로 운영하는 모습은 어떠할까? 〈응답하라 1994〉에 나오는 하숙집의 아름다운 풍경과 같을까? 결론부터 얘기하면 마냥 아름다운 이야기만 있었던 것은 아니다. 갈등은 아주 작은 것으로부터 시작한다. 사람은 태산에 넘어지지 않고 돌부리에 걸려 넘어진다고 하지 않나. 예를 들어 식당이나 거실과 같은 공동구역을 돌아가면서 청소할 때 어떤 친구는 무척 꼼꼼하게 하는가 하면 다른 친구는 슬렁슬렁하는 경우가 있다. 그런데 후자의 경우도 두 가지로 다시 나뉜다. 자기 방은 깨끗하게 하지만 공동구역은 그렇게 하지 않은 경우와 기본적으로 청결에 대한 기준이 낮아서 자기 방이나 공동구역이나 모두 적당히 지저분한 상태로 지내는 경우이다. 이처럼 청소라는 공동의 일에서도 각자의 기준이 다르고, 성실도와 진정성을 책정하기 어려운 부분이 있다. 어느 정도는 공동의 규칙들을 정하고 준수하도록 해서 강제할 수 있지만 규칙만으로 채워지지 않는 부분이 있다. 서로의 라이프 스타일을 이해하고 신뢰를 갖지 않는 한 공동생활은 쉽지 않다.

갈등을 줄이기 위해 공동의 규칙들을 소통과 합의를 통해 만들어 잘 준수하게 하는 것과 동시에 규칙을 통해 사람들을 공동의 방향으로 움직이도록 노력하기도 한다. 예를 들어 내가 있던 기숙사협동조합은 공동 관리비용이 실입주자 수와 상관없이 일정하다. 반면 근처의 다른 기숙사협동조합은 실입주자 수에 따라 공동 관리비용이 달라진다. 인원이 많으면 한 사람당 내는 비용이 적어지는 방식이다. 이렇게 되었을 때 공실이 발생했을 때 사람들의 태도는 달라질 수 있다. 후자의 경우 당장 나에게 경제적 부담이 커지기에 나 몰라라 하기 힘든 데 반해 전자의 경우 나와 상관없는 일이라 생각하기 쉽다. 반면 전자의 경우에도 상호간의 신뢰와 공동체로서의 의식이 강하다면 일 년 내내 일정한 관리비용을 부담할 수 있다는 장점이 있다. 하나의 정답이 있는 것은 아니며, 저마다의 공동체에서 어떤 방식이 더 잘 맞는지를 판단해야 한다.

이처럼 협동조합 방식의 공동생활을 하려면 익혀야 할 부분들이 많다. 문제와 갈등이 아예 없을 수는 없다. 중요한 건 문제를 해결해가는 방법을 익히고 갈등을 중재하는 방법을 알아가는 것이다. 그렇기에 기숙사협동조합 간에 배움의 기회를 많이 갖는다. 연합조직에서 여는 워크숍이나 세미나에 참여할 기회도 누릴 수 있다. 전국적 연합조직인 북미협동조합학생연합NASCO에서는 학생주택협동조합의 개발·교육·지원 활동을 벌인다. 학생주택협동조합마다 성격도 다양하다. 채식으로 공동체 식사를 하는 협동조합도 있고, 종교 동아리가 중심이 되는 협동조합도 있다. 조용한 학생들이 모인 협동조합도 있는가 하면 파티와 행사가 많은 협동조합도 있다. 비슷한 욕구를 가진 학생들이 자기에게 맞는 주택협동조합을 만들어나가는 것이다.

일례로 김현하(2015)가 소개하는 캘리포니아주의 버클리 캠퍼스에 위치한 주택협동조합UC Berkeley Student Cooperative을 들 수 있다. 이는 1929년 미국 대공황 때 경제 위기 발생으로 주택 경기가 악화되고 설상가상으로 당시 많은 학생들이 인종차별로 주택을 구하지 못하는 상황에서 만들어졌다. 1933년, YMCA 국장이었던 해리 킹맨Harry Kingman은 버클리 학생 14명과 함께 로치데일 공정선구자협동조합의 원칙을 기반으로 주택협동조합을 설립했다. 80년이 지난 현재 미국에서 가장 규모가 큰 기숙사협동조합으로 20동의 아파트, 기숙사 하우스를 운영하고 있다. 이 조합의 창립 목표는 반차별Antidiscrimination, 교육에 대한 접근Access to education, 사업의 확장Expansion, 조합원 교육Member Education이었다. 돈 때문에 교육을 받지 못하는 학생이 없도록 저렴한 비용의 주택을 공급하도록 했으며, 흑인 학생들을 위한 주택, 레즈비언, 게이, 트랜스젠더를 위한 주택 등 소수자들이 함께 살 수 있도록 했다. 엠마 골드만 기숙사협동조합처럼 조합원인 학생들은 협동조합에서 일정 시간 근무해야 하며 이사회, 하우스 대표, 유지보수 매니저, 쓰레기 처리 매니저 등을 담당한다. 이처럼 조합원의 노동으로 기숙사가 운영될 수 있다. 매년 학생이 졸업하고 학교를 떠나야 하는 만큼 현실적인 조건에서 협동조합의 목표와 조합원의 역할을 정의하고, 학생 조합원들이 협동조합을 경험하고 자치, 직무경험을 할 수 있도록 구성했다.

물론 여기에서도 크고 작은 문제는 발생했다. 버클리 학생협동조합에서 발생한 최근의 가장 큰 사건으로는 2014년 한 학생이 협동조합 기숙사에서 약물중독으로 뇌손상을 입어 학생의 부모가 협동조합을 고소했었다. 이 사건을 계기로 이사회는 해당 아파트의 조합원들은 모두 퇴소 처리하고 강제 폐쇄할 것을 제안해 조합원과 이사회 간의 분쟁이 발생했다. 학생들은 주인인 조합원의 의견이 묵살되었다고 주장했으며, 이사회는 한 번 더 이런 소송이 발생하면 보험비용 등으로 협동조합이 문을 닫을 수 있다며 강경하게 대응했다. 학생 조합원 리더들이 설득 끝에 결국 전원 퇴소 처리되었으나 이 사건은 협동조합에서 발생할 수 있는 조합원의 권익과 협동조합의 지속가능성이 충돌해 빚어진 사건으로 많은 것을 시사했다.

2. 학생 구성원을 위한 다양한 활동, 일본 대학생협(+싱가포르)[2]

전후 재건을 통한 대학생협 활성화

일본의 대학생협은 1898년으로 거슬러간다. 바로 일본 교토부에 위치한 도시샤대학同志社大学의 생협이다. 도시샤대학은 와세다대학, 게이오기주쿠대학과 함께 유서 깊은 역사를 가진 3대 사학으로 알려져 있으며 1875년에 설립되었다. 우리나라에서 윤동주 시인과 정지용 시인이 유학했던 학교로도 유명하다. 바로 이 대학에 최초의 대학생협이 설립되었는데 시기적으로는 1844년 영국 로치데일 공정선구자협동조합이 설립된 이후 50년 만이다.

제1차 세계 대전 후 대학생협이 곳곳에 생겨났다. 가장 먼저 1927년 일본의 사회운동가이자 목사인 가가와 도요히코Toyohiko Kagawa의 주도하에 도쿄 대학생협Tokyo Student Consumers Union이 설립되었다. 그 후 와세다대학, 다쿠쇼쿠대학, 메이지대학 등에 지회가 설립되었다.

---

2. 한국대학생활협동조합의 일본 대학생협 연수와 한일 대학생협 교류 자료집과 일본대학생협 홈페이지(www.univcoop.or.jp)를 참고해 작성했다.

이러한 학생소비자조합은 "학생들이 소유한 상점에서 학생들이 구입"이라는 슬로건에 따라 학생들이 돈을 모아 설립되기 시작했다. 문구용품, 서적 및 교복, 생활필수품이 대학생들이 협동조합 방식으로 소유한 서점에서 판매되었다. 잡지 및 출판, 강의 등의 문화활동도 활발했다.

그러나 일본의 군국주의가 심해지며 사상, 문화 및 교육의 통제가 강해졌다. 또한 인플레이션과 자금 부족으로 대학생협이 문을 닫기 시작했고, 1939년 마지막으로 도쿄대생협이 해산되었다. 일본이 1941년 태평양전쟁에 참가하면서 대학생들도 전쟁에 동원되며 일본 대학생협 역사는 중단된다.

이후 제2차 세계대전이 끝나며 협동조합 역시 새롭게 설립되기 시작했다. 해산되었던 도쿄대생협이 1945년에 다시 설립되었다. "배우는 것은 먹는 것이다"란 구호 아래 식량과 책, 노트를 확보하기 위한 차원이기도 했다. 현재 대학생협의 미션은 다음과 같이 협동, 협력, 자립, 참여를 토대로 한다.

•일본 대학생협의 미션

협동 학생, 유학생, 교직원의 협동을 통해 충실한 대학생활을 보낼 수 있도록 지원한다.

협력 배움과 커뮤니티의 장으로서 대학의 이념과 목표를 실현하기 위해 협력하여, 고등교육의 역할과 연구의 발전에도 공헌한다.

자립 자립적 조직으로서 대학과 지역을 활성화하여 풍요로운 사회와 문화 발전에 공헌한다

1947년 5월에는 전국대학생협연합회 전신인 전국학교협동조합연합회가 결성되었다. 오히려 지역생협이 이 이후에 생겨났고, 지역생협의 설립에 대학생협도 공헌을 했다. 사실 우리나라의 경우에도 생협에 앞서 학교협동조합이 먼저 있었다. 일제강점기 독립운동가 도산 안창호 선생과 남강 이승훈 선생 등 개혁가들이 전국 곳곳에 학교를 세우면서 협동조합을 근거로 한 이상적인 부락을 꿈꾸기도 했다(하승우, 2013).

1948년에는 소비자생활협동조합법이 시행되었으며, 이에 따라 법적인 근거를 갖췄다. 1958년에는 일본생활협동조합연합회NFUCA가 설립되었다.

대학생 절반이 가입하고 국립대의 90%는 대학생협

2016년 기준으로 일본대학생협연합회 회원조합 수는 219개이다. 이 중 대학생협이 205개, 연합대학생협 6개, 사업연합회 7개, 공제사업연합회가 1개를 차지하고 있다. 전체 대학 수가 1,175개인데 이 중 17.4%가 대학생협을 두고 있다. 특히 국립대 생협이 80개인데 이는 전체 국립대의 90%에 이른다.

조합원 수도 154만 명에 이른다. 일본 전체 305만 명의 학생 중 약

절반이 대학생협 조합원일 만큼 보편화되어 있다. 학생 2명 중 1명은 대학생협 조합원인 셈이다. 교수와 직원도 조합원으로 가입할 수 있지만 대부분 학생 조합원으로 조합원 중 학생 비율이 90%를 차지하고 있다.

일본 전체에서 대학생협이 차지하는 비중

	일본 전체	대학생협	비율
대학 개수	1,175	205	17.4%
학생 수	3,059,000	1,540,000	50.3%

출처: 한국대학생활협동조합연합회

각 대학생협은 생협법을 근거법으로 하고, 직역職域 생협으로 각 대학마다 설립되어 대학과는 '업무위탁계약'을 맺고, 대학의 복리후생을 담당하고 있다. 학생들은 입학 시 출자금(1만~2만 엔)을 지불하면 조합원이 될 수 있다. 졸업 시 출자금은 전액 반환된다.

사업연합은 같은 지역의 대학생협 간의 회계, 구매 등에 대한 업무를 처리하기 위해 설립되었다. 1970~2000년 사이에 10개의 사업연합이 설립되었다. 그 후 통폐합을 거쳐 현재 7개가 운영 중이다. 7개의 사업연합 중 6개의 사업연합들이 통합을 위한 작업을 하면서 새로운 전국사업연대조직을 검토 중인데, 2018년 하반기를 예정하고 있다. 각 지역조직 강화와 연대 조직의 효율화에 대한 고민을 진행 중이다.

홋카이도 블록

도호쿠 블록

호쿠리쿠 블록

추고쿠/시코쿠 블록

도쿄 블록

도카이 블록

규슈 블록

게이지/나라 블록

오사카/효고/와카야마 블록

일본대학생협전국연합회는 총 9개의 블록(분소)으로 구성되어 있다.

학생들의, 학생들에 의한, 학생들을 위한 사업

일본 대학생협의 주요 사업은 다음처럼 종합매점, 서점, 식당, 공제 사업 등을 하고 있다. 전체 매출액은 2016년 기준 1,844억 엔(한화 약 1조 7,741억 원)인데, 각 영역별로 종합매점이 731억 엔, 서비스가 462억 엔, 서점이 332억 엔, 식당이 318억 엔을 차지하고 있다.

종합매점 문구, 생필품, IT 기기
서점 일반 서적, 전공 서적
식품 식당, 카페, 도시락 및 기타 식품, 자동판매기
서비스 기능 양성 서비스, 국내/해외 여행 관련 서비스
공제 사업
기타 사업 학생들의 주거 관련 사업, 커리어 지원 사업

학생들이 주인이 되어 소유하고 운영하는 협동조합답게 이러한 사업들은 학생들의 참여로 이뤄진다. 식당의 경우 조합원들은 메뉴에 대한 의견을 적극적으로 개진한다. 그랑프리 메뉴 투표도 하고, 추천 메뉴와 이에 대한 학생들 각자의 의견을 적는다. 또한 식당도 단순히 식사를 파는 것만이 아니라 학생들의 영양관리를 위한 정보 제공과 교육에 적극적이다. 식당의 영수증에는 영양 정보가 표기된다. 또 조합원들은 식당에서 선불카드를 사용할 수 있는데, 이를 통해 인터넷으로 사용 내역에 따른 영양 정보를 확인할 수 있다.

대학의 매장 역시 학생 조합원들의 의견이 적극 반영된다. 한 대학생협의 경우 조합원이 매장의 혼잡을 해결하기 위해 레이아웃 변경을 제안하여 찬/반 의견을 투표로 받기도 했다. 매점에서 판매하는 도시락도 조합원들이 함께 시식회를 열어 의견 수렴을 통해서 정한다. 운영방식, 판매되는 물품 모두 대학생 조합원들의 의견이 적극적으로 반영되며 학생들이 참여하도록 하려고 다양한 장치들을 고민한다.

이러한 학생 조합원의 참여는 반드시 경제적인 영역에 국한되지 않는다. 예를 들어 대학생협이 운영하는 서점에서는 독서 증진을 위하여 조합원들에게 직접 리뷰를 받아 게재하기도 한다. 'Reading Marathon'이라고 불리는 이러한 캠페인은 학생들의 독서 습관을 키우기 위해 시작되었다. 현재 170개 매장에서 약 3만 명의 학생들이 참가하고 있다. 다른 학생 조합원이 쓴 리뷰는 책 홍보가 될 수도 있고 대학생들 간의 생각 나눔일 수도 있다. 국제협동조합연맹에서도 협동조합의 필요는 경제적 필요만이 아닌 사회적, 문화적 필요까지 포함한다고 정의한다. 참여라는 독서, 나눔의 독서가 조합원들의 참여로 이뤄진다.

나고야대학(왼쪽)과 홋카이도대학(오른쪽) 조합원들의 책 리뷰
출처: 일본대학생협 홈페이지

학생들의 필요에 따라 새로운 사업이 만들어지기도 한다. 한국의 대학만큼이나 일본에서도 취업에 대한 고민이 많기에 조합원들의 의견을 받아 커리어 지원 사업을 하는 대학생협도 있다.

학생공제사업은 1981년 시작되었다. 가입자가 705,049명이며 2016년 수혜 현황은 35.2억 엔으로 42,670명이 수혜를 받았다. 가입자들의 건강을 위해 식단 조절 컨설팅을 한다. 또한 예방수칙 등의 교육을 실시하기도 한다.

한국대학생협연합회KFUC는 일본대학생협연합회NFUCA와 한일 양국 교류를 통한 상호 발전과 협력 확대를 위하여 2002년부터 양국 학생 조합원을 대상으로 '한일학생교류세미나'를 진행하고 있다. 2016년에는 한국 대학생협 학생들이 일본을 방문해 교토에서 진행되었고, 2017년에는 일본 대학생협 학생들이 한국을 방문해 부산에서 진행되었다. 양국 대학생협에 대한 소개도 하며, 서로의 활동에서 생기는 고민점을 공유하여 그에 대한 해결책을 함께 고민해보는 시간도 갖는다.

2017년 8월 부산에서 열린 한일학생교류세미나 모습. 출처: 대학생협연합회

　이러한 교류는 일본과 한국만으로 국한되지는 않는다. 국제협동조합연맹 아시아태평양분과에는 대학/캠퍼스협동조합위원회University/Campus Committee가 있다. 위원회에서는 회의를 통해 활동을 공유하고 청년 및 학생들을 위한 워크숍을 2년에 한 번씩 진행하고 있다. 한국대학생협연합회도 2014년부터 ICA에 가입해 활동을 해오고 있다. 2015년 9월 17일부터 20일까지 태국 방콕에서 아시아/태평양지역 12개국의 100명 이상의 학생, 교수 등이 한자리에 모여 ICA-AP 워크숍을 진행했다. 지속적인 성장과 관련된 다양한 주제 발표와 토론을 진행하였고, 한국대학생협연합회에서도 임원 연수로 진행되어 11명이 참가했다.

　한국대학생협연합회 학생위원이 "윤리적 소비 증진을 위한 청년과 대학생협의 역할"을 발표하고, 일본대학생협연합회 학생위원은 "대학생이 커리어 개발 기반 사업"을 발표했다. 또한 무딘 청년위원이 "국민

행복지수 실현을 위한 협동조합"을 네팔 청년위원이 "청년의 금융교육 프로그램"을 발표했다. 발표 후에는 학생과 교수들이 함께 주제별 그룹 토론을 진행하며 각국의 다양한 사례와 의견을 공유하는 자리도 가졌다.

또한 '협동조합의 지속가능성을 위한 구성원들의 참여'라는 주제로 각국의 학생들이 활동했던 사항과 협동조합을 알리는 12개국의 활동 포스터를 함께 공유하는 시간을 가졌는데, '학생임원워크숍'에서 학생들의 아이디어로 디자인하여 2학기에 홍보를 진행한 한국대학생협의 포스터가 가장 많은 인기와 호평으로 1위에 선정되었다(『대학생협소식』 2015년 10월 1일).

그렇다면 아시아의 다른 캠퍼스 협동조합은 어떤 모습일까? 싱가포르의 경우 협동조합연합회가 1980년 설립되었다. 현재 84개의 협동조

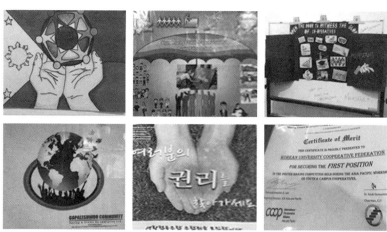

2015년 태국에서 열린 ICA-AP 워크숍의 대학/캠퍼스협동조합위원회에서 전시한 각국의 학생들이 제출한 포스터. 출처: 한국대학생협연합회

합이 회원으로 가입되어 있는데 신용(23개), 소비자(30개), 서비스(26개), 캠퍼스(5개)의 4개의 섹터로 구분되어 있다. 준회원 격으로 12개의 Coop Club이 함께 활동하고 있다.

이 중 캠퍼스협동조합은 MCCY(Ministry of Culture, Community and Youth)에서 관리 및 감독하고 있다. 대학과 전문대학 등에서는 매장 사업, 조합원 참여 사업 등을 진행하고 있다. 무엇보다 캠퍼스협동조합에서는 학생들의 의견을 수렴하여 매장 사업을 함께 운영하는 것을 매우 중요하게 생각하며 활동하고 있다.

더불어 협동조합을 통해 '사업 실습'을 할 수 있도록 다양한 기회를 제공하는 것이 전반적인 특징이다. 학생들이 직접 현장에서 경험할 수 있도록 서비스, 소비자 부문의 조합과 연계하여 다양한 체험과 인턴십 프로그램 등을 운영하고 있다. 파트타이머로 운영에 참여하며, 나아가 경진대회를 통해 학생들의 의견을 담은 기념품을 직접 제작하여 판매한다. 니안폴리텍대학 Ngee Ann Polytechnic Consumer Cooperative 협동조합의 경우 사진처럼 매장의 공간 중 일부를 'Coop Biz'로 구성하여 학생들이 직접 판매할 수 있

싱가포르 니안폴리텍대학협동조합 매장 내 마련된 학생들이 직접 판매하는 'Coop Biz' 코너

는 기회를 제공하고 있다. 연합회 담당자는 "이를 통해 학생들은 좀 더 폭넓고 다양하게 협동조합에 대해 이해할 수 있을 것이며 향후 다양한 교류 활동도 계획 중이다"라고 한다.

또한 가톨릭전문대학협동조합Catholic Junior College의 경우 Coop Club이라는 프로그램을 운영하고 있다. 대학이 중·고등학교에서 방과후학교 프로그램 혹은 학점 이수 커리큘럼을 다양한 형태로 운영하고 있으며, 운영 지원은 연합회에서 담당하고 있다. Coop Club 중 하나인 래플스고등학교Raffles Institute의 사례를 살펴보자. 이 Coop Club에서 활동하고 있는 학생들은 총 5명으로, 주로 학교 기념품 개발 및 판매를 진행하고 있다. 학생들은 판매할 품목 선정, 수요 조사, 의견 수렴을 위한 공모전 등을 진행하며, 주로 소셜 미디어를 통해 홍보 활동을 한다. 이렇게 해서 생긴 수익의 20%는 학생들을 위한 복지 서비스로 환원되며, 80%는 사업 운영비로 활용되고 있다. Coop Club은 학생들이 활동을 통해 직접 경험하고 성장할 수 있도록 최소한의 지원만 한다는 것을 원칙으로 하고 있다. 향후 교육부에서 관리, 감독할 수 있도록 지속적으로 요청 중인 상태이다(『대학생협소식』 2018년 1월 22일).

3. 협동조합의 나라
   영국에서의 대학생협동조합

협동조합의 시작, 영국

영국은 협동조합의 나라이다. 전 세계에서 최초로 성공을 거둔 소비자협동조합 '로치데일 공정선구자협동조합'은 1844년 영국 맨체스터에서 시작됐다. 산업혁명으로 사회가 급변하는 과정에서 생겨난 빈부격차와 공급자 주도의 부당한 가격 횡포로부터 소비자의 권리를 지키는 역할을 했다. 소비자가 주인이 되어 공동구매력으로 저렴한 가격의 생활물자를 공급할 수 있었다. 소비자협동조합이 계속 성장하면서 1955년엔 식료품 시장점유율이 20%로 높아졌다.

하지만 정점을 찍은 뒤 급격한 하락의 길로 들어섰다. 제2차 세계대전 이후 급변하는 유통환경의 변화 속에서 효율적으로 대응하는 데 실패했기 때문이다. 1960년대부터 자동차와 냉장고가 대중적으로 보급되었고 사람들은 집에서 거리가 먼 대형 마트를 이용했다. 영국에서 식품점 매장은 1950년 25만 6,000개에서 2000년에 1만 4,500개로 줄어들었다. 소비자협동조합의 시장점유율 역시 2005년 5%로 하락했고,

1962년 1314만 명에 이르던 조합원 수도 1990년 820만 명으로 감소했다. 노르웨이 등 북유럽에서 소비자협동조합들이 먼저 셀프서비스, 하이퍼마켓, 슈퍼마켓 체인 시스템 등 식품유통시장의 근대화를 주도하였던 것과 달리 영국의 소비자협동조합의 경우는 그러한 효율적 대응을 하지 못함으로써 위축되었다.

오랜 침체기를 겪은 영국의 협동조합이 재도약을 한 시기는 글로벌 금융위기가 찾아온 2008년이다. 영국 전체 소매판매액 증가율이 2008~2010년 3년 동안 6.4%에 그쳤지만, 소비자협동조합은 22.4%의 성장을 기록했다. 또한 2010년 정권 교체로 보수당과 자유민주당의 연립정부가 들어서면서 경제위기 극복을 위해 재정을 감축하는 대신, 민간의 활력을 활용할 수 있는 전략과 비전으로서 협동조합을 주요 대안으로 주목하기 시작했다.

캠퍼스 협동조합도 이러한 새로운 변화의 중심에 있다.

대학생들을 위한 식품협동조합

영국에는 우선 대학생협동조합의 연합회가 있다. 20개의 소비자식품협동조합food cooperatives인 셈이다. 이들은 건강한 식자재를 찾아서 공동구매를 한다. 이문을 안 남기고 운영비만 받고 팔고 있다. 자원봉사로 운영되는 방식이다. 학교 건물 관리자와 친해서 양해를 받고 공간을 사용하기도 한다.

영국은 무상교육이었다가 10년 전부터 등록금이 높아지는 등 힘들

영국 SCOOP을 통해 대학생들이 먹거리를 판매·구매하는 모습
사진 출처: Scoop웹페이지(peopleandplanet.org/scoop)

어지고 있다. 점심은 소비자식품협동조합food coop이 있어서 학교 내에서 쉽게 공급하고 있다. 일주일에 7일 동안 상점이 열려 있다. 개인적으로 가서 살 수도 있고, 공동구매 신청을 받아서 사기도 한다. 공동구매 시에는 400파운드 정도의 음식을 같이 산다. 이때 식자재를 주로 협동조합으로부터 사고 특히 노동자협동조합workers coop으로부터 산다.

영국 대학생협동조합의 역사는 10년 정도밖에 되지 않았다. 2008년 글로벌 경제위기가 오면서 학생들이 경제적 어려움을 겪고 있다. 대학 등록금 때문에 정부정책에 반대하는 학생들이 늘어나고 있다. 환경, 등록금 등의 이슈에 대한 관심도 많아졌다.

학생들의 먹거리를 책임지는 협동조합으로 SCOOP(이하 스쿱)이 대표적이다. 스쿱은 'People & Planet'이라는 네트워크에서 학생들이 자발적으로 만든 협동조합이다. 1969년 학생들은 빈곤 절감과 인권 및 환경을 지키기 위해 네트워크를 설립했으며, 현재 50개 대학, 79개 고등(전문)학교의 2,000명 학생으로 구성되어 있다. 네트워크에서 활동 중인 학생들은 학내 구성원들이 좀 더 안정적이고 합리적인 가격에 먹거리를 이용할 수 있도록 스쿱을 만들게 되었다. 2006년에 하나둘 만들어지기 시작한 스쿱은 2013년 기준으로 40개 조합이 활동하고 있다(한국대학생활협동조합연합회, 2015).

특히 스쿱은 지역의 유기농 식품을 지속가능하게 공급하는 '로컬푸드'에 초점을 두고 있다. 크고 작은 규모로 생산하는 지역의 농부들, 사회적기업이 스쿱에 식품을 공급하면, 학생들이 구매를 하는 방식이다. 스쿱은 직접 구매를 하고 판매대, 채소박스, 모바일 상점, 가게 등 다양한 형태로 조합원에게 식품을 제공한다. 이러한 활동은 학생위원회, 운영위원회, 그리고 자원봉사자들로 이뤄진다. 학교는 학생들이 활동할 수 있도록 학내 공간을 내주고 있다.

그렇다면 과연 얼마만큼의 혜택이 있을까? 영국의 싱크탱크 New Economics Foundation의 연구에 따르면, 일반 마켓을 통해 10유로의 물품을 구매하는 것이 14유로만큼의 경제를 활성화시키는 반면, 스쿱을 통해서는 25유로의 효과를 얻을 수 있다고 한다. 학생들은 합리적인 가격에 식품을 구매하고, 지역은 그만큼 활성화되는 일석이조의 상생 프로젝트이다.

더불어 스쿱은 지속가능한 경영을 위해 조합원 설문조사 등을 통해 적정한 가격을 유지하며 만족도를 높이려는 노력을 지속적으로 하고 있다.

생활의 편의를 위한 자전거 협동조합, 재활용협동조합

생활물품을 대여하고 공급해주는 다양한 캠퍼스 협동조합이 있는데, 대표적으로 자전거협동조합bike cooperatives이 있다. 자전거 대여 사업, 자전거를 자체적으로 수리하는 사업, 자전거 부품을 가져다가 조립을 하는 사업을 한다. 이 협동조합에서는 자전거를 임대할 때 임대료는 받지만 수리와 관리는 공짜로 한다. 3년을 쓴 다음에는 다른 도시로 이동하기 때문에 되파는 경우가 많은데, 그것도 귀찮은 일일 수 있으므로 이 조합에서는 학기나 학년 단위로 임대해주고 있다. 석세스라는 학교에 있는 협동조합이다.

재활용협동조합recycling co-op도 있는데, 이는 재활용품을 파는 가게이다. 에든버러대학의 사례를 들어보자. 대학이 기숙사를 운영할 때 학기가 끝나면 짐이 많이 남는다. 시험 끝나고 시간에 쫓겨 집에 가다 보면 학생들이 남기고 간 물품들이 많다. 이것을 대학에 말해서 방학 동안 씻을 건 씻고 분리할 건 분리해서 선착순으로 공짜로 준다. 책, 옷가지, 전자제품 등 모든 것이 있다. 수거한 것을 보관하는 장소만 학교가 제공하고 자원봉사로 운영된다. 자원봉사자들은 참여할수록 좋은 것을 찜할 수 있기 때문에 학생들이 자원봉사에 참여할 가능성이 높나.

처음에는 특정 시기에 이벤트로 시작했는데, 왜 그때만 하느냐는 이야기가 나와서 학기 내내 운영하게 되었다. 자원봉사를 하면 물건을 살 수 있는 토큰을 주는 방식으로 운영한다. 리사이클링 협동조합에 조합원으로 가입하면 토큰을 줄 때도 할인된 가격으로 받을 수 있다.

3장

국내 캠퍼스 협동조합

외국의 사례를 통해 협동조합과 대학의 연계점을 살펴봤다면 이제 국내로 눈을 돌려보자. 국내에는 1988년부터 본격화되어 30년의 역사를 자랑하는 전통적인 대학생협과 함께 최근 들어 기숙사, 금융, 창업 등으로 나타나는 다양한 신생 캠퍼스 협동조합이 있다.

이 장에서는 이러한 국내의 사례를 알아보고, 최근 들어 대학에서 얘기되고 있는 협동조합 창업의 가능성과 한계 및 과제를 살펴보면서 우리의 현실에 더욱 밀착시켜 얘기해보려 한다.

1. 전통적인 캠퍼스 협동조합, 대학생협

학생복지로부터 시작된 대학생협

1987년 민주화 운동은 대학에서도 새로운 협동조합 운동을 활성화 시켰다. 1960년대에 만들어진 서울여대소협의 사례도 있지만 하나의 사례로 머물렀다. 대학생협이 여러 대학에 생기기 시작한 것은 1988 년 서강대학교의 소비조합부터이다. 서강대학교에서 시작하여 1990년 대 중반까지 여러 대학에서 대학생협이 등장하기 시작했다. 1983년 정 부의 졸업정원제 실시로 대학 정원은 늘어났으나 기본적인 시설 확충 이 뒤따르지 못했다. 그러한 가운데 1984년 학원 자율화 조치 이후 전 국적으로 등장하기 시작한 각 대학의 총학생회는 1987년 6월 항쟁 이 후 이른바 '대중적 학생회 건설'이라는 목표하에 정치 문제 이외의 학 내복지 문제에도 관심을 갖기 시작한다(노상채·이강복 1999: 21).

특히 학생들의 대학 당국 및 외부 업체에 대한 불신은 각 대학 총 학생회 산하의 '학생복지위원회' 등의 기구에서 매점이나 자판기들을 직영하는 활동으로 이어지는데, 이러한 활동은 운영 주체인 학생회도 바뀌었을 뿐 운영 시스템은 바뀌지 않은 것이었고, 오히려 시설 운영의 전문성과 연속성이 떨어진다는 한계를 가지고 있었다. 때문에 당시이 활동을 담당했던 학생들과 일부 대학 관계자들이 대안을 모색하는과정에서 협동조합적 방식을 '발견'하게 된다. 협동조합은 학내 구성원들의 참여를 보장하고 사업의 잉여를 구성원들에게 되돌려주면서도 전문성을 유지할 수 있는 틀로 이해되었기 때문이다(박주희, 2004).

이러한 대학생협의 역사는 다음 표와 같다.

대학생협의 역사

연도	조합명
1946	경성경제전문학교
1980	서울여자대학교(현재 해산)
1988	서강대소비자협동조합
1989	이화여대학생소비자협동조합
1990	조선대생협, 연세대학생소비자협동조합(원주), 한국외대학생소비자협동조합
1991	경원대학생소비자협동조합
1994	연세대생협, 한국외대생협(용인)[1]
1995	한신대생협(현재 해산)
1997	동국대생협[2]
1998	이화여대생협[3]
1999	숭실대생협
2000	서울대생협, 인하대생협
2001	세종대생협, 경북대생협, 강원대생협

1. 한국외대생협은 1994년 학생소협 해산 후 교수, 직원, 학생 모두 참여하는 생협으로 재창립했고, 2008년에는 생협법에 근거하여 재창립.
2. 동국대생협은 2004년에 생협법에 근거하여 재창립.
3. 이화여대생협은 1998년 학생소협 해산 후 교수, 직원, 학생 모두 참여하는 생협으로 재창립.

2003	경희대생협, 국민대생협[4]
2004	상주대생협[5], 경상대생협
2005	상지대생협, 인천대생협
2006	부산대생협, 창원대생협
2007	금오공대생협, 전남대생협
2008	한국폴리텍I대생협, 한기대생협
2011	군산대생협, 부경대생협, 제주대생협, 한국해양대생협
2012	안동대생협, 충남대생협, 충북대생협, 전북대생협, 목원대생협, 한국방송통신대생협
2013	서울과학기술대생협
2014	동아대생협
2015	강릉원주대생협
2016	성결대생협, 농협대생협

출처: 이미옥(2014) 토대로 초기 사례 일부 추가

현재는 위의 표와 같이 총 35개 대학생협이 있으며 이들 조합의 총 출자금이 35억 원, 이 조합을 통해 대학 구성원들에게 공급되는 상품 과 서비스의 매출이 2,000억 원이다. 무엇보다 이러한 협동조합 사업 의 주인은 총 14만 명에 이르는 조합원이며, 이 중 학생이 93%를 차지 하고 있다.

이처럼 대학생협이 지속적으로 설립된 데에는 그동안 학생복지에 문제가 있었기 때문이다. 1장에서 살펴봤듯이 한국의 사립학교들은 대부분 충분한 준비 없이 정부 정책에 따라 설립되었고, 교과과정만 이 아니라 학생들의 복지를 책임질 시설조차 거의 준비되지 못했다.

---

4. 국민대생협도 2003년 생협법에 근거하여 재창립.
5. 상수대는 2008년 경륙대와 통합.

지역	조합명
수도권(14)	경희대생협, 농협대생협, 국민대생협, 동국대생협, 서울대생협, 성결대생협, 숭실대생협, 연세대생협, 이화여대생협, 인천대생협, 인하대생협, 한국외국어대생협, 한국방송통신대생협, 서울과학기술대생협
강원권(3)	강릉원주대생협, 강원대생협, 상지대생협
충청권(4)	목원대생협, 충남대생협, 충북대생협, 한국과학기술교육대생협
경상권(9)	경북대생협, 경상대생협, 금오공과대생협, 동아대생협, 부경대생협, 부산대생협, 안동대생협, 창원대생협, 한국해양대생협
전라권(4)	전북대생협, 군산대생협, 전남대생협, 조선대생협
제주권(1)	제주대생협

예를 들어, 대학생협 중 초기에 만들어졌던 한국외대생협의 이야기를 들어보자. "왕산의 복지시설은 1988년까지 말 그대로 최악의 상황이라 할 만큼 열악한 상태였다. 4,000명의 학생을 위한 복지시설이라고는 어문과의 식당과 부속 매점이 전부였다. 특히 산속에 학교가 위치한 관계로 차량이 없이는 학교 밖에 나가기 힘든 상황에서 이러한 시설이 왕산학우의 전부였다."(『제10차 생협학교 자료집』) 이후 대학생협 운동이 시작되면서 매점과 자판기, 식당, 스낵코너, 하계 어학연수, 분리수거, 폐건전지 수거 등 다양한 복지 사업들이 활성화되었다. 이것은 한국외대생협만의 특수한 상황은 아니었고, 대부분의 대학들은 식당이나 기숙사와 같은 학생복지 시설들을 제대로 갖추지 않은 채 학생들을 받아들였다.

열악한 복지 환경은 매년 인상되는 등록금과 함께 교육 공공성을 약화시키는 원인이었다. 또한 시설이 있다고 하더라도 대학이 직영하거나, 외부 기업이 운영하는 곳으로 상품 질이 형편없거나, 학생들의 불만이 반영될 창구가 없었다. 임대업자의 횡포와 대학본부의 제한된 복지역량을 넘어서 학내의 주체들이 자치적으로 학내 복지를 해결하려 한 것이 대학생협운동의 시작이었다. 대학의 복지시설이 독과점적으로 공급된다는 것도 문제였다. 대학 캠퍼스는 주변 상가지역과 분리되어 있는 경우가 많고, 일반적으로 매점 같은 상업 시설을 제한하고 있기 때문에 자연적으로 독과점의 상황에 있는 경우가 많다. 또한 서점과 같은 경우는 규모의 경제 때문이라도 한 대학에 한 개 이상 들어서기 힘들다. 이와 같은 독과점 상황에서 외부 업체에 대한 불신이 대학생협의 등장 배경이었다.

사업을 통해 얻은 이익금이 사업에 재투자되거나 환원되는 과정이 조직의 목적이라는 점도 학교와의 협약을 통해 기부금을 내긴 하지만 영리를 목적으로 하는 일반 기업과 차이점을 가진다. 그런 점에서 이규선(2014)에 따르면, "대학생활협동조합은 대학본부와 독립적인 체계를 갖추고 독립된 법인으로 전문성을 확보하고 장기적이고 일관적인 운영을 할 수 있도록 하고 있다. 또한 대학과 긴밀한 협조체계에서 운영될 수 있도록 많은 대학이 부총장 또는 학생처장을 조합의 이사장으로 선임하여 업무체계도 대학 총장과 직접적으로 연계될 수 있도록 시스템을 갖추고 있다." 즉 소속 대학 내에서 대학생협은 공적인 기관의 성격을 강화시켜왔다.

대학생협이 이런 역할을 하면서 성장했기 때문에 1995년에는 교육부가 대학 교육의 경쟁력 강화를 위한 후생복지 사업 활성화 방안에 관한 연구 용역을 실시한다(김영철 등, 1995). 전국 대학의 후생복지 사업 운영 실태를 파악한 거의 유일무이한 이 연구는 1995년 4월~5월

사이에 전국 51개 대학을 무작위 추출하여 약 1만 명이 넘는 학부학생, 대학원생, 교수, 교직원의 응답을 얻었다. 후생복지 사업 중 가장 많은 직원을 운영하는 곳은 식당 사업, 매점 사업, 구내서점, 기타 서비스 사업, 자판기 사업, 문구매장 순인데, 식당 중에서 흑자를 보는 곳은 6곳(12%)이었고 현상 유지 23곳(46%), 적자 21곳(42%)인데, 이 적자는 시설 투자나 인건비와 같은 경상비(77.1%)에서 비롯되었다. 그래서 대부분의 대학은 다른 후생복지 사업으로 식당의 적자를 메우고 있었다. 수익이 가장 높은 자판기 사업의 운영 주체는 학교 37.5%, 임대 35.%이고 학교와 학생이 공동운영 12.5%, 위탁 및 학교·임대 병행은 6.3%로 나타났다. 후생복지에 대한 대학생들의 만족도는 대단히 만족(0.8%), 만족(8.6%), 그저 그렇다(47.0%), 불만(35.6%), 대단히 불만(8.0%)으로 나타나 미흡한 대학복지 상황을 보여준다. 후생복지 사업에 포함되어야 할 사업은 식당, 서점, 구매, 문화·레저 사업의 순으로 나타났고, 가장 시급히 개선되거나 실시되어야 할 사업으로 문화·레저(35.6%), 식당 (27.8%), 서점 (13.4%) 순으로 나타났다. 이를 바탕으로 보고서는 대학의 후생복지 사업을 담당할 주요한 기관으로 대학생협을 설립할 것을 권고했다.

이처럼 대학생협은 대학 구성원들을 위한 후생복지 사업 기관으로서 큰 역할을 해왔다. 소비자협동조합은 독과점 상황에서 소비자 착취를 막을 수 있는 대안이다. 독과점이 있는 상황에서 외부 업체가 대학 편의시설을 운영하는 경우 가격을 올리거나 질을 낮추어도 대학 구성원들은 어쩔 수 없이 구매할 수밖에 없는 상황에 놓인다. 하지만 소비자협동조합은 자영업자나 외부 영리기업과 달리 독점 상황에서도 이윤 극대화가 아니라 소비자 후생을 극대화하는 지점에서 가격을 결정할 수 있다. 따라서 독점 가격이 아니라 경쟁 시장에서의 가격과 비슷한 가격으로 공급하는 경향이 있다. 또한 외부 영리업체와 경쟁해야 하는 과점 상황에서도 소비자협동조합은 영리업체가 지나치게 가격을 높일 수 없도록 경쟁 척도 역할을 할 수 있다. 이러한 상황에서 대학생협은 대학 구성원들 스스로 조합원이 되어 식당, 매점, 문구점, 자판기, 기념품점, 서점같이 대학생활에 필요한 복지 시설을 운영하면서 다양한 교육 활동과 생활문화 활동을 해온 것이다.

학내 민주주의, 학생들의 참여와 교육

학내 복지 문제로 시작한 대학생협이었으나 그 이면에는 또 다른 기운을 느낄 수 있다. 바로 학내 문제를 전체 구성원이 참여하고 논의해서 결정하는 '학내 민주주의'이다. 실제로 대학생협운동 초기에는 학생들이 주도했지만 1990년 교수, 직원, 학생 등 학내 구성원들이 함께 조합원으로 참여하는 조선대생협이 대학생협으로 만들어진다. 기존의 대학생협이 학내 구성원을 포괄하며 생협으로 재창립한 경우(1994년 한국외대(용인)생협의 재창립)도 있다. 그래서 대학생협은 교원, 직원, 학생 중에서 고루 대의원과 이사, 감사를 선임하거나 선출하고 그 속에서 학생들이 적극적인 역할을 맡는다는 점에서 일반 영리기업이나 학교 직영 기관과도 다르다. 그리고 부총장이나 학생처장 등 학교의 주요 임원이 이사를 맡는다는 점에서 다른 영리기업이나 비영리 단체와도 차이를 보인다.

실제 다음과 같이 초기 대학생협이 제기된 배경에도 학내 문제에 학생들이 적극적으로 참여하며 학원 공동체를 만들어가는 부분이 중요하게 들어가 있다.

• **학내 문제를 전체 구성원의 참여를 통해 해결**
① 대학자치협의회, 공동관리위원회 등이 있지만 대의기구를 통한 참여
② 대학생협 직접 참여: 보다 많은 사람들을 문제해결의 주체로 만든다는 것이 아주 중요. 이 틀 속에서 여타의 학내 문제(대학 환경, 후생복지 등) 논의 가능

• **학원 공동체 건설**
① 서로 믿지 못하는 마음 불식
② 힘에 의한 해결 방안은 도움이 안 됨
③ 일상생활에 관한 논의 ← 전문지식이 필요 없음
④ 생활 속 신뢰
⑤ 새로운 윤리관 만들어질 것

• **보다 나은 학교생활을 만들 수 있다**
식당, 도서관, 매장 관리 등 학내 복지에 해당하는 부분들을 다수의 참여, 많은 논의를 통해 결정된 사항으로 보다 향상시킬 수 있다.

출처: 『제10차 생협학교 자료집』(1995년)

사실 협동조합 조직 운영 원리 면에서 보면 대학생협은 구성원의 이해관계가 상대적으로 동질적이라는 면에서 강점을 갖는다. 대학생협의 조합원들은 같은 대학에 들어오고 비슷한 연령대로 소비 활동

과 관련한 필요도 상대적으로 비슷한 경향이 있다. 이해관계의 동질성은 조직의 거버넌스 비용을 줄임으로써 협동조합의 생존에 유리한 조건이라고 할 수 있다. 또한 구성원들이 가까운 공간에서 생활하기에 모임이나 회의와 같은 집합 행동에서도 유리하다. 또한 적극적인 조합원 교육과 자치 활동을 통해 소비자의 참여를 촉진함으로써 조합원과 대학생협 간의 정보 비대칭을 줄이는 것도 대학생협의 성공을 위해서 중요할 것이다.

그렇다면 학생들의 참여는 어떻게 이루어질까? 학생들은 여러 위원회를 결성하며 협동조합을 배워나가고 실제 학교의 다양한 사업에 참여한다. 학생 조합원들은 다른 교수, 직원 조합원들과 함께 의견을 교류하며 식당, 매점 경영에 직간접적으로 참여한다. 작게는 식당과 매점의 상품과 서비스에 대한 의견 개진을 한다. 또한 상품이 생산되는 과정을 모니터링하기도 한다. 2013년 활동을 보면, 매점 등에 대해 조합원들이 생협 시설 운영을 모니터(숭실대 조합원 모니터 30명 참여, 상지대 조합원 서포터즈 9명 참여)하고, 다른 대학 사례 조사(숭실대 17명 참여)를 통해 조합원 의견을 조합 운영에 반영했다. 또한 생협이 직적 운영하지 않더라도 대학 내 자리하고 있는 다른 편의점 등에 대하여 일일식품 불시탐방(숭실대 조합원 7명 포함 총 12명 참가) 등을 통해 모니터 활동을 벌이고 있다. 또한 생산지 탐방(경희대 조합원 16명 포함 총 20명 참가)을 통해 조합원들이 자신들이 소비하는 물품이 생산되는 과정과 그 의미에 대하여 교육하고 의견을 낼 수 있는 기회를 만들고 있다. 정해진 제품만을 선택하는 한정된 소비자에서 벗어나 만들어지는 공정을 이해하고 직접 참여한다.

경희대생협의 조합원 이사를 도와주는 착한 트럭 짐캐리

그런가 하면 직접 대학생협만의 PB 상품을 직접 개발하기도 한다. 또한 학생들의 참여로 학생들의 필요에 맞는 새로운 후생복지가 만들어지기도 한다. 경희대생협이 학기 초 조합원들의 이사를 도와주기 위해 운영하는 짐캐리 사업이 좋은 예이다. 학교 부근의 5킬로미터 단거리 이사를 위해 많은 비용을 들이지 않고 만 원으로 이사를 할 수 있게 해준다. 학생들의 참여로 학생들을 위한 서비스와 복지가 만들어진다.

또한 이러한 참여는 교육의 과정이기도 하다. 대학생협 조합원, 학생위원으로서의 활동은 성장의 과정이기도 하기 때문이다. 대학생이 되어 성년이 되었지만 여전히 학생으로서 무언가를 만들어가고 성취해가는 경험은 많지 않다. 하지만 대학생협을 통해 직간접적으로 사업을 배우며 교수, 직원, 학생 등 다양한 인간관계 속에서 공동의 목표를 추구하는 방법을 익혀간다. 이러한 과정은 실천을 통한 앎, 러닝바이 두잉learning by doing의 과정이다. 그래서 이들은 얘기한다. "3년 동안 나를 키운 건 생협"이라고. 그러나 그건 생협운동의 의미나 원칙, 실현하고자 하는 이념 따위의 추상적인 것들이 아니라고 덧붙인다. 사람들을 만나면서, 그들과 이야기하면서 세상을 배웠기에 대학생협은 '사회'를 느끼게 해준 곳이라고 한다(대학생협, 2000).

다음 글을 한번 읽어볼까. 대학생협에서 발간한 『맛있는 생협노트: 생협과 함께 한 대학생활 이야기』에 실린 졸업생의 이야기 중 일부이다.

> 대학 4년 내내 생협 활동을 하게 됐습니다. 생협을 왜 그렇게 오래 했느냐고 묻는다면 '사람이 좋아서'라고 항상 답합니다. 빈말이 아니라 정말 그랬으니까요. 학생위원회 선배들, 후배들한테도 항상 그런 말을 했었죠. 아무리 그 조직이 좋은 취지를 가지고 있다 하더라도 함께하는 사람들이 좋지 않으면 절대 그 조직은 존속될 수 없습니다. 이 말이 진리라고 할 수는 없지만 저에게는 생협 활동을 지속시킬 수 있는 원동력이었습니다.
>
> 생협은 다양한 생각과 사람들이 모인 곳입니다. 생협을 구성하는 조합원들의 목적은 크게는 하나일 수 있지만, 그들 각자가 원하는 것은 무척 다양합니다. 놀랍게도 다들 목적을 달성하고 있는 모습을 볼 수 있습니다.

협동조합은 지식이나 정보가 아닌 경험이다. 다양한 체험과 만남을 통해 협동 역량과 인성이 키워질 수 있다. 대학생협은 이러한 경험과 체험의 공간이다. 이 학생은 생협 활동 경험의 바탕으로 졸업 후 다른 생협연합회에서 근무를 하게 되었다. 하지만 꼭 협동조합 경험이 협동조합 취업으로 이어지지 않더라노 사람과 사람 사이의 부대낌을 성험

학생위원 활동 사례

	서울대	연세대	충북대	경북대	인천대
조합원	• 축제 행사(게임, 마스코트 공모, 경품 이벤트) • 카톡 플러스 친구 • 협동조합 소개	• 제주기행(환경, 협동경제) • 조합원한마당(의견 수렴, 퀴즈, 체험 등) • 생협 사업 홍보 • 생협 소개 • 신입생 조합원 OT	• 생산지 탐방 • 조합원한마당 • 요리왕대회 • 웹진 발행 • 홍보 동영상 제작 • 신입생 OT 홍보 • 조합원 모집 활동 • 생협고객만족센터	• 조합원 모집 사업 • 야식마차 • 축제 행사 • 생산지 탐방 • 생협 사업 홍보	• 야식나눔 • 조합원한마당(조합원 가입, 할인, 커피 교육) • 조합원의 날(증정 이벤트) • 장터 한마당(먹거리 행사, 모금활동, 연탄나눔) • 생협 UCC • Yellow ID
매장	• 매장 모니터링	• 매장 이름 공모 • 매장 모니터링	• 매장 모니터링		• 매장 이름 공모
교육	• 교재장터 • 학생수첩	• 사회적경제 강좌		• 책벼룩시장	
생활		• 귀향버스 • 주거상담센터 집보샘(주거 정보, 착한 부동산 소개, 동행 서비스) • 생필품 공동구매		• 플리마켓	• 중고장터(자취방 정보, 물품 나눔, 생필품 공동구매)
연대	• 식당체험활동 • 대학생협 간 교류 • 한일 교류	• 연대사업(학내 비정규직 문제, 지역생협 등) • 캠프딥(정치, 여성주의, 사회적경제)	• 대학생협 간 교류 • 생협 임원 워크숍 • 한일 교류	• 대학생협 간 교류 • 생협 임원 워크숍 • 한일 교류	• 대학생협 간 교류 • 생협 임원 워크숍 • 한일 교류
기타	• 각종 이벤트 • 생협 직원 가족 멘토링	• SNS 이벤트	• 학생위원회 워크숍		

출처: 경희대생협

하고 협동 경험의 가능성을 발견했다면 어느 곳을 가서든 사회 구성원으로서 훌륭히 제 몫을 해낼 것이라고 본다. 물론 어떤 이는 '그때 조금 더 협동조합 활동에 시간을 덜 들이고 다른 공부에 더 투자하고 스펙을 더 쌓았을걸'이라는 아쉬움이 남을 수도 있다. 그렇지만 다른 활동으로는 채워지기 힘든 경험의 폭과 질이 있다. 내 주변의 선후배, 동기들과 함께 의기투합해서 무언가를 실현해보는 경험을 가진 이는 생각보다 많지 않기 때문이다. 그 노하우와 즐거움은 그 무엇과도 바꾸기 힘든 자산이다. 그리고 그러한 협동 역량은 협동조합에서만 중요한 것이 아니다.

조금 더 자세히 학생 조합원, 학생위원들이 하는 다양한 활동을 살펴보면 다음과 같다. 조합원들과 함께 생산지 탐방, 홍보 동영상 제작, 조합원의 날을 하고 매장 관련해서 매장 모니터링을 진행한다. 그런가 하면 학생들의 편의를 위해 교재장터, 중고장터, 귀향버스 등을 진행한다. 다른 대학생협과의 연대 활동에도 참여할 수 있다.

대학생협의 새로운 도전

오랜 역사를 지닌 대학생협이지만 정치, 사회적 요인이 변화되면서 대학생협은 새로운 도전에 직면하고 있다. 대학사회가 점점 기업화되면서 대학 안의 협동조합인 대학생협을 외부 기업이나 임대업자와 똑같이 취급하다 보니 경쟁에 대한 압박과 존립의 위협을 받고 있기 때문이나. 특히 2009년 12월, 10년간 운영해온 세종대생협은 대학으로부터 모든 복지 매장을 외부 기업에 입찰하겠다는 일방적인 통보를 받고 존폐 위기에 처했었다. 이후 3년간 생협을 지키고자 하는 조합원들의 노력으로 2012년에 결국 기존 생협에서 운영해온 매장 중 일부를 대학 정책에 따라 외부 기업에 임대하는 조건으로 생협 운영을 유지했다. 그러다가 2014년 학교 측이 제시한 임대료(임대보증금 1억 원과 월 임대료 1,000만 원, 수도광열비 700만 원)를 감당할 수 없게 되자 14년간 해온 사업을 종료하게 되었다. 대학으로부터의 과도한 간섭, 존립 기반의 어려움, 낮은 사업 점유율을 극복하는 과제는 계속 중요해지고 있다.

이러한 대학생협을 둘러싼 여러 환경 요인을 고려한 SWOT 전략을 정리해보면 다음 표와 같다.

이에 따라 대학생협 역시 새로운 변화에 대처하기 위한 노력을 하고 있다.

먼저 학생 조합원들의 참여를 위한 교육과 홍보를 강화하고 있다. 대학생협의 경제사업은 단순히 상품을 판매하고 구매하는 것에 국한되지 않기 때문이다. 앞서 살펴봤듯이 조합원은 물품의 적정 가격을 판단하고, 공급자를 선정하고, 생산이 올바르게 이루어지도록 하는 역할을 통해 합리적인 소비생활을 해나간다. 이를 위해 조합에서는 다양한 방법을 통해 조합원이 경제사업에 올바르게 참여할 수 있도록 교육하고 홍보하도록 노력하고 있다. 이를 보장하지 않으면 조합원은 소극적 이용자로 변하게 되고, 대학생협 매점에 대한 인식도 단순한 업체로밖에 머물지 않기 때문이다. 무엇보다도 대학 내에서 조합원 이외에 비조합원 이용에 제한이 없고 조합원의 가입 이유 또한 매우

대학생협 SWOT 전략표

내부 역량 (사업/조직 역량)	외부 환경	기회(Opportunities) •경쟁 → 협동 •상업화 → 복지 •생협에 대한 사회적 관심 증대 •대학에 대한 사회적 관심 증대	위협(Treats) •사기업과의 경쟁 구조 •한국 사회의 기업 사회화 •대학생협의 사회적 위상 부재 •협동조합 간 연계성 부족
강점(Strengths) •질 좋은 후생복지 실현 •대학 구성원의 배움과 성장 지원 •물품 선정에서 매장 관리까지 민주적인 의사소통 구조 •대학 이미지 개선		SO전략 ◀ 대학생협의 공동체성 강화 •대학생협의 정체성 부각(학내 복지) •학내 구성원 조직의 다양화와 활성화 •대표 사업의 적극적인 홍보 •구성원 간의 관계성 강화(비사업 영역의 확대. 예: 주거) •사회적 회계를 통한 대학생협의 장점 부각/대학 비전과의 연계	ST전략 ◀ 대학생협의 사회적 정체성 확립 •사기업과의 차별성 부각(사업 성격/서비스 등) •학교 내부/외부에서 대학의 상업화에 대한 비판적 목소리 주도(대학의 공공성 강화) •대학생협의 협동조합성 강화/홍보(대학생협 특별위원회의 역할)
약점(Weakness) •협동조합의 정체성에 대한 인식도 낮음 •조합원들 간의 소통 부족(학생/교직원) •전체 대학 구성원 수 대비 조합원 비율이 낮음 •학생 조합원들의 참여 주기 제한(4년)		WO전략 ◀ 협동조합 원칙에 따른 점검 •조합원에 의한 민주적 관리(교수-학생-직원의 민주적인 의사소통구조 확립) •조합원의 경제적 참여(대학 구성원들의 욕구에 맞춘 맞춤형 사업/프로그램 개발) •교육, 훈련 및 정보 제공(눈높이 교육) •협동조합 간 협동(지역사회/생협 간 연계망 확립) •지역사회에 기여(학생위원회의 활성화/학생 조합원들의 OB 참여 구조 개발)	WT전략 ◀ 생협운동과의 연대 활성화 •대학생협의 정체성에 대한 교육 및 홍보 강화 •전체 협동조합운동 내에서 대학생협이 차지하는 위상과 역할 강화(학생 조합원의 생협 진출 지원) •협동조합에 기초한 대학사회 내 상생의 문화 촉진

다양하기 때문에 생협을 알리고, 조합원의 이야기를 듣고 반영하는 일이 더욱 중요하다. 그동안 대학생협에 따라 교육과 홍보가 부차적인 일로 여겨졌다면 새로운 도전의 시기를 맞이한 지금은 생존을 위해 우선시되어야 할 일이 되었다. "우리가 바라는 대학생협은 학내 구성원들이 주인의식을 가지고 협동을 통해 대학 내 문화를 바꾸어가는 우리의 이야기입니다." 2017년에 학생위원들이 〈우리가 바라는 대학생협 만들기 프로젝트〉를 통해 이화여대, 금오공대, 경북대, 한국외대, 인천대, 경상대, 충북대, 숭실대, 경희대 등 9개 대학 1,032명 학생을 대상으로 대대적인 설문을 진행한 최종 결론이다. 학생들은 실무자만이 만들어나가는 대학생협이 된다면 학생들에게 전적인 동의와 호응을 얻기 힘들다고 지적한다.

대학생협을 학생들에게 알리는 것 못지않게 새롭게 변화된 소비 트렌드에 적극적으로 대처하기 위한 고민도 진행 중이다. 대학생들의 새로운 필요에 대응하는 노력이다. 그중 하나로 많은 대학들에 늘어나고

청년과 청소년이 함께 협동조합을 주제로 얘기 나누는 학교협동조합 네트워크 파티
출처: 대학생협연합회

있는 편의점을 들 수 있다. 이는 대학당국의 임대수익을 늘리기 위한 목적도 강하다. 전국 4년제 268개 대학 가운데, 156개 대학에 브랜드 편의점이 입점해 있어, 입점률은 58.2%에 이르고 있다. 그렇지만 또한 대학생들에게는 이미 편의점이 복합 문화공간으로서 많은 편의성을 제공하고 있다. 대학생협 매점과 편의점의 기능을 비교하면 다음과 같다.

대학생협과 편의점 비교

구분	대학생협 매점	편의점
24시간 운영	×	○
공공요금 납부	×	○
택배 및 픽업	×	○
현금인출기	△	○
교통카드 충전	○	○
휴대폰 충전	○	○
상품권 판매	×	○
티켓 발권	×	○
기타 서비스	우산 대여	나만의 냉장고, 도시락 예약 주문 휴게 공간 등

따라서 편의점의 장점을 살리는 가운데 브랜드 편의점처럼 대학생협 브랜드 매장을 만들기 위한 논의도 진행 중이다. 협동조합의 가치와 장점을 녹여내어 학생 조합원도 포함하여 디자인을 함께 설계하고 대학 구성원을 위해 필요한 생활 서비스에 초점을 맞추는 것이다. 조합원이 참여하여 매점의 일일식품을 개발하여 상품화한다거나 지역

사회적기업의 물품을 판매하는 등 소비에 가치를 더하는 대학생협만의 특징을 살릴 수 있는 방안을 논의 중이다. 대학생협 역시 시대의 변화에 맞춰 진화하고 있는 셈이다.

끝으로 그동안 활동이 대학생협 내부로 국한되었다면 지역의 다른 기관과의 협력을 강화하기 위해 노력하고 있다. 그중 하나가 초·중·고 학교협동조합과의 교류 활동이다. 대학만이 아닌 초·중·고에서도 매점, 방과 후를 중심으로 한 학교협동조합이 2013년 서울의 영림중, 경기도 복정고를 시작으로 2017년까지 63개의 학교협동조합이 설립되었다. 초·중·고와 대학이라는 차이가 있지만 학교 안의 협동조합이라는 점, 후생복리사업 못지않게 학생들의 생생한 경제교육과 체험학습을 통한 교육이 주된 목적이라는 점은 동일하다. 2014년부터 뉴스레터, 워크숍 등으로 교류를 가지다가 2016년부터는 매년 청소년과 청년이 협동조합을 주제로 만나서 얘기 나누는 네트워크 파티를 함께 주최하고 있다. 앞의 사진은 2017년 12월 27일 경희대에서 진행된 행사의 모습이다. 총 25개의 학교협동조합과 5개 청년협동조합, 4개 단체 190여 명이 모여 북적북적한 잔치로 진행되었다. 초·중·고와 대학의 학교협동조합들을 소개하는 박람회를 하고서 이를 바탕으로 조별 빙고게임도 하고 학교협동조합에 대한 이야기도 함께 나누었다.

이처럼 대학생협은 대내외적으로 변화를 꾀하고 있다. 사기업과의 차별성을 부각하고, 학교 내부/외부에서 대학의 상업화에 대한 대안적인 역할을 하려 노력하고 있다. 직영사업의 확대를 통해 후생복지 향상과 함께 학생 조합원들이 생활 공동체를 체험하고 학습하는 장으로서 기능할 수 있도록 하고 있다.

2. 새로운 캠퍼스 협동조합의 확장

청년들이 운영하는 주택과 은행

청년 주거빈곤 문제는 심각하다. 2016년 9월 대통령 직속 청년위원회가 사회 초년생(직장생활 5년 미만) 525명을 설문조사한 결과를 보면, 사회 초년생들의 평균 주택 임대보증금은 1,215만 원, 월세는 35만 3,000원으로 조사되었다. 월 소득의 4분의 1 가까이가 주거비로 들어간다(『중앙일보』 2016년). 타이베이, 홍콩, 도쿄, 서울의 주거문제를 다룬 미스핏츠의 『청년, 난민 되다』(2015)에서는 심각한 주거문제를 겪는 청년을 난민에 비유한다. 또한 이는 청년만의 문제가 아닌 청년이 다음 세대로 이행할 기회를 주는 사회인지를 보여주는 문제라고 지적한다.

청년은 기회를 찾아 도시로 온다. 도시에 살려면 돈이 필요한데 하루의 태반을 저임금 노동에 쏟아붓고 집에 와서는 잠만 잔다. 도시가 청춘에게 빼앗는 것은 월세가 아니라 기회와 다시 돌아오지 않을 젊음과 내일에 대한 상상이라고 이 책은 지적한다. '새로운사회를여는연구원'에서 펴낸 『청춘의 가격』(2016)에서는 주거문제가 경제적인 부담으로 이어져 결혼과 자녀 출산을 포기하게 만든다고 지적한다. 남녀 초혼 연령이 30대로 진입해 2015년 기준 남성은 32.6살, 여성은 30살이다. 소셜미디어 빅데이터를 분석한 결과, 5년 전에 비해 비혼을 말하는 경우가 700퍼센트 증가했다. 청년 주거문제는 이 사회의 미래와도 직결되어 있다.

민달팽이주택협동조합[6]은 이런 청년들의 주거빈곤 문제에 주목해 2014년 2월에 설립되었다. 달팽이 중 유독 '민달팽이'는 집이 없다. 이 때문에 집이 없는 2030세대를 일컫는 용어로도 사용된다. 청년들의 주거문제를 청년 스스로 풀어가자는 조합원이 십시일반으로 모은 8,200만 원의 출자금으로 1호 주택을 마련해 일반적인 원룸에 비해 저렴하게 공급했다. 주변 시세의 60% 수준이다. 이후 2017년까지 총 7곳을 운영하고 있다. 5곳은 민달팽이주택협동조합에서 직접 공급했고, 2곳은 LH와 함께했다. 입주한 조합원들의 주거비 부담을 최소화하기 위해서 건설원가에 기반을 두어 임대료를 산출하고, 수선과 운영 비용을 제외한 일체의 비용을 최소화해 부담 가능한 주거비를 책정하고 있다. 가격 부담만이 아니라 불안정성이 줄어든다. 입주한 조합원은 계약 기간이 경과하면 무제한으로 계약을 갱신할 수 있기 때문이다. 협동조합 방식의 소유와 운영 덕분에 이러한 경제적 조건이 가능하다. 조합에서 주택을 장기 임대해 방별로 조합원에게 다시 임대하는 방식이다.

---

6. 민달팽이주택협동조합 홈페이지 참조해 작성 http://minsnailunion.tistory.com

2016년 11월 서울 은평구 신사동의 민달팽이 협동조합 달팽이집 4호에서 열린 집들이 행사 모습. 출처: 민달팽이 협동조합 홈페이지

　이러한 청년들이 공동 소유하고 운영하는 협동조합 주택에 입주하기 위해서는 먼저 조합원이 되어야 한다. 출자금은 최소 5만 원이며, 매월 1만 원 이상의 조합비를 납부한다. 출자금은 탈퇴 시 반환 가능한 데 반해 조합비는 조합의 운영비로 쓰이기에 반환되지 않는다는 차이가 있다. 단, 달팽이집에 입주할 입주 조합원은 최소 30만 원을 출자한다. 입주 조합원은 신청 순위에 따라서 주택에 입주하게 된다.

　부담 가능한 주거비 책정뿐만 아니라, 민달팽이주택협동조합은 집마다 여는 반상회, 다른 달팽이집들과의 교류회 등을 통해 따로 존재하면서도 같이 살아가는 새로운 청년 주거 모델을 만들어가고 있다. 입주할 때도 조합원으로서 필요한 자격만이 아니라 함께 살아가는 이들이 서로 맞을지에 대해 조합이 매칭을 해나간다. 입주하려는 ▲내가 생각하는 좋은 집, ▲'나'를 나타내는 단어 선택(예. 월성석인, 검소한,

겁 많은, 겸손한, 고집 센, 관대한 등), ▲평소 집을 중심으로 한 나의 일상(습관, 성향, 지향점, 생활 패턴, 여가, 주저하는 모습 등), ▲'함께 살아가는 집'에 대한 상 등 다양한 질문에 대한 답을 작성한다. 조합은 이렇게 매칭이 성사되어 주거 공동체를 꾸린 구성원들에게 지속적인 모니터링 및 공동체 교육 프로그램과 주거와 생활에 관련된 교육 서비스를 제공해나가고 있다.

임소라 이사장은 "조합원들이 주인이 되어 함께 관리하면서 월세 비용을 절감하는 것만이 아니라 인근 주민과 공동체성을 강화하는 등 공공성이 높다"고 말한다. 함께 힘을 모아 비용을 절감하고, 함께 사는 즐거움을 키워간다(『한겨레』 2017년 5월 19일).

주거빈곤 문제 못지않게 청년들의 대출 문제도 심각하다. 2017년 11월 금융위원회가 실시한 청년·대학생 금융 실태조사(청년 850명·대학생 850명 대상) 결과에 따르면 대학생을 제외한 19~31세 청년 20.1%, 대학생 12.5%는 금융기관에서 대출을 해본 적이 있다고 답했다. 청년의 연체 경험률은 15.2%, 대학생 4.7%가 연체를 경험했다. 금융채무불이행 등록 경험 여부 및 채무조정 경험 여부를 묻는 질문에 있다고 답한 청년·대학생도 32.3%를 차지했다(『스카이데일리』 2017년 12월 1일).

협동조합 방식으로 우리들만의 은행을 만들어가는 청년들이 있다. 공동체은행 빈고, 청년연대은행 토닥, 희년은행, 키다리은행 등이다. 이곳은 일반 은행과 달리 어려운 청년들을 위해 문턱 없는 은행 구실을 하려 하는 곳으로 필요한 곳에 돈이 흘러들어갈 수 있도록 금융민주화를 만들어내고자 한다.

대학생금융협동조합 키다리은행 역시 대학생들을 위한 협동조합 은행을 위해 설립되었다. 한양대 학생들의 수업 조별 과제에서 비롯되었던 일이 여러 사람의 힘이 모아져 2015년 11월, 한양대를 시작으로 2016년 서울시립대와 단국대에서 키다리은행 창립총회가 열리면서 다른 학교로 확산되고 있다.

조합원들을 중심으로 자율 이자 대출 사업을 진행하는 것인데, 한 명이 모으기 힘든 목돈을 조합원들이 조금씩 모아서 최대 30만 원까지 빌려주는 방식이다. 빌린 사람은 6개월 내에 최대 6차의 분할 상환을 통해 갚아나간다. 원금만 갚는 것이 기본적인 원칙이며, 스스로 책정한 이자를 자율적으로 내도록 하고 있다. 자율 이자가 얼마나 가능할까? 3대 키다리은행장인 김능회 씨는 "아예 안 내는 사람들이 거의 대부분이지만, 만 원씩 내는 사람들, 그 이상을 내는 사람들도 많다"고 대답한다. 모인 이자금은 조합원들에게 출자금에 상응하는 배당으로 지급되기도 하고 일부는 내부 운영비로 사용된다. 김능회 은행장은 "기본적으로 이자를 받는 것이 목적이 아니므로, 돈을 빌려주고 갚는 과정에서의 '신뢰'를 가장 중요한 이자라고 생각한다"고 말한다. 또한 이러한 신뢰를 쌓기 위한 조합도 조합원을 알아가는 시간을 가져간다. 모든 이에게 대출을 해주는 것이 아니라, 1차로 비대면 심사, 2차로 면접 심사를 통과해야만 대출이 가능하다. 이를 통해 빌린 돈을 약속한 시간 내에 갚을 수 있는 사람을 뽑으려 한다(『캠퍼스 잡앤조이』 2017년 12월 28일). 이를 통해 2016년은 자율 이자임에도 연 3.7%가 모여 시중 은행 이자율보다 훨씬 높았다고 한다.

초대 은행장인 한하원 씨는 "혼자서도, 또 학교 밖 사회에서도 해설할 수 없는 문제인 만큼 우리끼리 힘을 모아 협동조합이라는 틀 안에서 서로의 경제적인 안전망을 만들고 싶었다"고 말한다. 무엇보다도 대학생들이 스스로 만든 자체적인 금융조직에 큰 의미를 두고 있다 (『한양뉴스』 2017년 3월 21일).

이러한 숏다리펀드 대출자 심사, 상환 업무 외에도 '재무교육 프로그램'과 '꿈 키높이 통장' 등 다양한 프로그램을 만들며 다음과 같이 여러 업무를 나눠서 진행하고 있다.

사업팀 신규 사업 기획 및 관리
교육팀 조합원 교육 및 재무 교육, 컨설팅 제공
심사팀 숏다리펀드 대출자 심사, 상환 및 출자금 관리
사무팀 OA 문서 작업 및 운영비 관리, 회계업무
홍보팀 교내외 홍보, SNS 관리, 사진 촬영 및 디자인
대외협력팀 외부 단체와의 키다리은행 관련 계약 교섭(후원금 받아
　　　　　 오기 등)

출처: 키다리은행 홈페이지(https://blog.naver.com/kidaribank)

협동조합을 통한 공동 창업

주택이나 은행처럼 대학생들의 소비생활의 필요에 따라 만들어진 소비자협동조합 못지않게 최근에는 청년들의 공동창업으로 협동조합의 가능성에 주목하고 있다.

먼저 상명대학교 외식영양학과 학생들이 주축이 되어 카페와 레스토랑을 운영하는 안다미로협동조합[7]을 들 수 있다. 안다미로는 순우

리말로 '그릇에 넘치게 많이'라는 뜻이다. "음식을 많이 담아 드린다는 뜻도 있지만 살아가면서 채워야 할 행복, 열정 등의 가치를 담아내는 그릇 같은 협동조합을 만들고자" 하는 뜻이 담겨 있다. 이 협동조합이 만들어진 데에는 전공실습이 배경이 되었다. 외식영양학과에서는 2012년부터 매년 음식을 파는 푸드 페스티벌과 학술제를 운영해왔다. 또한 실습실을 레스토랑으로 꾸미기도 했다. 어느 날 학생들은 이런 행사를 상시적으로 진행하는 사업체를 협동조합으로 만들면 어떨까 생각하게 되었다. 외식영양학과 학생이지만 학교에서 수업을 듣고 실습하는 것에서 더 나아가서 스스로 메뉴를 기획하고 조직을 구성하고자 하는 욕구가 있었다.[7]

이렇게 마음과 뜻이 모여서 2014년 10월에 협동조합으로서 설립신고를 마치고 2015년 3월에 사업자등록을 하며 본격적으로 사업이 시작되었다. 직원 3명, 임원 4명을 포함해 30여 명의 조합원이 활동하고 있다. 카페(가정관점, 자하관점, 계당홀점, 기숙사점)와 식당(월해관점) 등 총 5개의 매장을 운영하고 있다. 기획팀, 재무팀, 메뉴팀, 마케팅팀, 인사팀으로 나눠져 10여 명의 매니저들이 담당 팀과 매장을 관리하는 방식이다.

주식회사 방식의 창업도 가능했을 텐데 왜 협동조합이었을까? "일반적인 기업이라면 돈이 최우선의 가치이지만, 우리가 이 활동을 통해 얻고 싶은 것은 단순히 돈보다는 도전과 열정, 사회와 공유할 수 있는

---

7. 서울 청년 협동조합 컨퍼런스 자료집(2017. 11. 14) 발표 자료 및 서울시협동조합지원센터(2016. 5. 25). 안다미로협동조합, 외식업 꿈꾸는 대학생의 염원을 담다(http://seoulcoopcenter.blog.me/220719072658) 참조.

가치를 나누는 것"이었기 때문이라고 한다. 가장 큰 목적은 수업과 연계해 외식영양학과 학생들에게 실습 기회를 제공하는 것이다. 수업의 일부를 협동조합에서 실습으로 대체할 수 있다. 기존의 실습수업을 외부 기관이 아닌 대학 내에서 진행하게 되니 물리적인 거리가 줄어들어 학생들의 편의성이 높아졌다. 또한 조합원들의 의견을 많이 반영하는 체계로 운영되어 구성원들이 창의성을 발휘할 기회가 많아져 조합원들의 만족도가 높아졌다. 조합원의 높은 만족도는 손님들의 만족으로 돌아온다. 이러한 협동조합에서의 경험을 바탕으로 사회에서 자신들이 원하는 일을 찾아갈 수 있는 기회가 된다.

그렇다고 단순히 외식영양학과 학생들만을 위한 활동은 아니다. 카페와 레스토랑을 이용하는 학생들의 혜택도 크다. 상명대는 북한산 자락의 가파른 언덕에 위치해 캠퍼스 밖으로 나가기 어려운 데다 학교 안의 음식점도 많지 않으며 주변 상권도 크지 않다. 안다미로협동조합이 처음 사업을 시작한 가정관 건물의 경우 인근에 카페와 음식점이 아예 없었다. 학생들의 복지도 증진된 셈이다. 또한 수익금을 적립해 한 학기에 1,500만 원씩 학교에 장학금을 기부하고도 있다. 이러한 안다미로협동조합 사례에 자극을 받아 2016년에 스포츠건강학과에서는 스포츠센터 '상명대학교 웰니스 짐'을 운영하는 협동조합을 설립하기도 했다.

강릉원주대학교의 경우 창업지원본부 창업교육센터와 LINC사업단을 중심으로 협동조합 창업동아리를 발굴해가고 있다. 해람F&B협동조합은 2013년 6월 강릉원주대학교 강릉커피산업연구회를 바탕으로 시작된 협동조합이다. 강릉은 커피로 유명한 곳이다. 커피축제 때 커

상명대 가정관점의 캐주얼 다이닝 카페. "안다미로의 모든 수익금은 학생의 복지와 장학금을 위해 사용됩니다"라는 설명과 함께 of/by/for Student 문구가 눈에 띈다.
출처: 안다미로협동조합.

피창업동아리로 참여하고 대학 평생교육원에 바리스타 자격증을 운영하다 2016년 11월 협동조합을 설립하게 되었다. 지역에서 개인 카페를 운영하는 사업주 3명과 교수 1명, 학생 1명, 전문 기술자 1명으로 시작했으며, 대학 내 창업보육센터에 사업장을 마련했다. 대학은 사업장과 함께 고가의 로스팅 장비 구입도 지원했다. 조합원 대학생은 "커피의 맛을 결정하는 로스팅 기술을 배우고 싶어 커피전문점에서 2년 동안 일할 만큼 커피에 관심이 많았다. 학교에서 협동조합 설립을 지원한다고 해서 로스팅 기계를 보유한 교수님과 커피 전문점 사장님들을 설득해 협동조합을 창업하게 됐다"라고 한다(『브릿지경제』 2017년 2월 27일). 2017년 1월 한 달간 매일 하루 2시간씩 학내 산학협력관 로비 카페테리아에서 핸드드립 커피와 원두를 판매해 번 수익금 전액 113만 원을 강릉원주대학교 대학사랑기금으로 기부하기도 했다(『베타

뉴스』 2017년 3월 17일).

　이처럼 최근 들어 대학에서는 학과 전공과 연계한 현장실습처로서 혹은 창업동아리의 스타트업 창업 방안으로서 협동조합이 적극적으로 모색되고 있다.

4장

캠퍼스 협동조합,
이렇게 만들어가자

앞의 사례들을 접했을 때는 협동조합 참 신나구나, 한번 해볼 만하구나 할 수 있지만 사실 협동조합을 만들어가는 과정은 쉽지가 않다. 특히나 묻지 마 창업 방식은 협동조합에서도 더욱 경계해야 할 부분이다. 따라서 대학이 교육과 사회 진출 중간에 놓인 학생들을 위해 협동조합을 위한 경험과 훈련의 시간을 줄 수 있어야 한다. 충분한 시간을 두고 천천히 배워가며 몸에 익혀갈 수 있어야 한다. 따라서 이번 장에서는 캠퍼스 협동조합의 현실적인 가능성과 국내외 캠퍼스 협동조합 육성에 대해서 살펴보려고 한다.

1. 캠퍼스 협동조합의 가능성

청년실업률 사상 최악, 묻지 마 창업은 안 된다

경기 침체가 장기화되면서 청년들의 고용 한파가 심각하다. 2018년 1월 14일 경제협력개발기구(OECD)에 따르면 우리나라의 OECD 기준 청년층(15~24세) 실업률은 지난해 3분기 10.2%를 기록했다. 이는 OECD 35개국 중 10번째로 양호한 수준이지만 문제는 한국이 최근 실업률이 치솟는 몇 안 되는 국가 중 하나라는 점이다. 유럽발 재정위기로 세계 경제가 휘청였던 2012년 3분기 한국의 청년실업률은 9.0%였다. 이후 한국의 청년실업률은 빠르게 악화하면서 지난해 3분기까지 무려 1.2%포인트(p)나 더 높아졌다(『연합뉴스』 2018년 1월 14일).

외국의 수치만이 아니다. 통계청이 발표한 연간 고용 동향 자료를 보면, 2017년 15세에서 29세 사이 청년실업률은 9.9%이다. 2016년 9.8%보다 0.1%p 올랐고, 비교 가능한 통계가 작성된 2000년 이후 가장 높은 수치이다. 무엇보다 청년실업률은 2014년부터 4년 연속 최고치를 길아지우며 계속 나빠지고 있는 실정이다. 아르바이트생과 취업준비생

등을 아울러 사실상의 청년 실업 수준을 나타내는, 청년 체감 실업률도 22.7%로 역대 최악이다(YTN 2018. 1. 10). 이마저 정확히 반영되지 않았다는 이야기도 있다. 미래창조과학부 창조일자리팀의 '청년고용체감지표 설계·연구에 대한 연구' 보고서에 따르면, 2015년 기준 청년층 체감 실업률은 34% 선에 이른다.

정부는 취업이 안 되니 창업, 더 나아가서 직업 자체를 새로 만드는 창직을 권한다. 미국은 벤처산업이 새 일자리의 60%를 공급하고 있고, 영국도 10년 뒤에는 일자리의 60%가 벤처에서 나올 것으로 추정되고 있다. 이처럼 선진국에서는 창업을 성장과 일자리 창출의 핵심 동력으로 삼으며 집중 지원하고 있다. 하지만 우리나라에서는 창업이 여전히 위험천만한 도전이다. 창업을 위한 사회적 인프라가 매우 취약하기 때문이다.

따라서 묻지 마 창업을 장려하는 것은 청년 실업자를 넘어서 자칫 신용불량자로까지 몰아갈 수 있다. 창업 활성화를 논하기 앞서 창업을 위한 인프라 구축과 함께 교육에서 시작해 전반적인 생태계의 대전환이 이뤄져야 한다.

협동조합이 대안이 될 수 있을까?

교육부도 이러한 흐름에 맞춰서 근래 협동조합 창업을 중요한 모델로 제시하고 있다. 2016년 4월 11일 발표한 「산학협력 5개년('16~'20) 기본계획」에는 다양한 산학협력 협동조합 창업 모델이 제시되고 있다.

창업 실패 위험을 분산하고 실패의 경험과 노하우가 대학 내에서 공유되고 축적될 수 있도록 하며 지역 선순환 경제를 달성하기 위함이다. 이를 위해 대학생·졸업생·교원이 조합원으로 참여하는 협동조합 형태의 창업 모델, 유사 업종의 가족회사와 대학(산학협력단 및 가족회사 관련 교직원 등)이 협동조합을 구성하는 방식, 학교기업과 소규모 지역상공인들이 협동조합을 구성하는 방식 등을 제시하고 있다.

특히 교육부의 '2017년 사회맞춤형 산학협력 선도대학(LINC+) 육성사업' 선정 계획 중 산학협력고도화형에서는 '대학과 지역사회의 상생 발전'을 비전으로 제시하고 있다. 또한 이를 위해 '산학 협력의 지속가능성 제고'를 추진전략으로 내세우며 학교기업과 지역 상공인들이 협동조합을 구성하여, 상호 협력을 통한 지역경제 활성화 모델을 발굴할 것을 제안했다. 2017년부터 2021년까지 5년간 진행되는 LINC+ 사업은 2년 지원 후 단계 평가를 통해 계속 지원 여부를 결정하므로 사업에 참여하는 대학들도 협동조합을 통한 지역과의 협력 방안을 염두에 둘 수밖에 없다.

또한 2017년 10월에는 '사회적경제 활성화 방안'을 통해 기재부, 교육부, 고용노동부 등이 연계된 종합 계획을 발표했다. 협동조합은 사회적경제의 일원으로서 직간접적으로 연결되는 정책이다. 계획을 살펴보면 ▲사회적 경제 리더·전문가 양성을 위해 대학 내 사회적기업 리더과정 및 대학의 평생교육체제 지원사업 확대, ▲비즈니스 모델 발굴·사업화를 지원하는 청년 사회적기업가 육성사업을 확대하고 성장 단계별 지원체계 차별화 등이 있다.

이러한 흐름은 우리나라만이 아닌 세계적인 변화이기도 하다. 뒤에서 살펴보겠지만 외국에서도 대학을 중심으로 협동조합 및 사회적경제 인재 양성과 이에 따른 창업 방식을 지원해나가고 있다. 미국·영국·프랑스 등은 대학 내 사회적기업가 육성 과정·대학컨소시엄 지원 창업대회 등을 통해 고등교육 단계에서 고급인력 양성체계를 구축·운영하고 있는 데 반해 우리나라는 많은 부분이 미흡한 상황이다. 더불어 이는 일시적인 추세가 아닌 미래 사회로 진입하며 생긴 큰 변화와도 맞물려 있다. 2016년 세계경제포럼WEF에서는 4차 산업혁명과 관련한 교육의 변화가 논의되기도 했다. 4차 산업혁명에 필요한 '21세기 핵심 기술' 16가지가 제시되었다. 이 가운데 문해와 수해 능력과 같은 '기초 기술'도 있지만, 협력·창의성·문제해결력 같은 '역량'과 일관성·호기심·주도성 등을 고양하는 '인성'도 포함되어 있다. 협력해서 문제를 풀어나가고 이를 통해 협업의 능력을 키우는 것이 미래 교육의 핵심이 되어야 한다는 지적이다. 협동조합을 통한 훈련, 협동조합 방식의 창업은 단순히 실업률을 낮추는 차원이 아니라 변화되어가는 미래에 요구되는 역량과도 맞닿아 있다.

그런데 과연 이러한 협동조합 창업이 현실에서 얼마나 가능할까? 물론 우리는 앞서 국내외 사례 등을 통해 대학과 대학생들에게도 협동은 비빌 언덕으로서 공동의 필요가 있다는 사실을 알 수 있었다. 그럼에도 협동조합은 여전히 멀게 느껴지고 어렵다. 협동조합이 실제 설립되는 과정과 함께 대학에서의 육성 과정을 살펴보자.

2. 협동조합 설립의 과정

밀어내기 창업이 아니라 준비운동이 충분히 이뤄져야

2012년 12월 협동조합기본법 시행 이후 다양한 협동조합이 만들어지고 있다. 마음 맞는 5명이면 협동조합을 만들 수 있기에 2017년까지 만 5년 동안 1만 2,000여 개의 협동조합이 수리·인가되었다. 동네 반찬가게를 함께 협동조합으로 만들기도 하고, 택시회사를 협동조합으로 운영하기도 한다.

협동조합 방식으로 사업을 하는 것이 마냥 쉬운 일이 아니다. "동업은 가족끼리도 하지 말라"는 얘기가 있듯이 여러 사람이 함께 힘과 마음을 모아 사업을 하는 과정은 결코 쉽지 않다. 사업 규모에 비해 충분한 출자금을 모으기 힘들기도 하고, 크고 작은 오해와 갈등으로 공동체가 와해되는 경우가 종종 있다. 아니 제대로 시작도 못하고 엎어지는 경우도 허다하다. 왜 그럴까?

현실의 상황을 한번 들여다보자. 협동조합에 꽂힌 이들 2명을 떠올려보자. 나 함께 사는 성제, 모누가 행복해지는 기업 협농조합, 말만들어도 두근거린다. 무한 경쟁, 승자독식 사회 속에서 협동조합이 한 줄기 희망처럼 여겨진다. 협동조합을 만들고 나면 지금의 모든 문제들이 해결될 것 같기도 하다. 협동조합은 최소 5명이서 만든다고? 그럼 내 주변의 3명을 더 꼬셔 보자란 생각으로 찾아본다.

이렇게 설득의 대상이 된 3명은 협동조합이 뭔지도 모르고 시큰둥하다. 하지만 '아는 사람이 저리 열심히 얘기하는 거 보면 좋은 거겠지' 하는 생각이 든다. "그럼 내가 뭘 하면 되는데?"라고 묻자 출자금을 내고 조합원으로 가입하면 된다고 한다. 출자금은 우리끼리 정하면 되고 100원만 내도 가능하다고 하자, 무슨 법인을 100원 내고 만드느냐고 얘기하다 그래도 우리가 사업을 하는데 싶어서, 10만 원 정도로 의기투합한다. 앞으로 술 먹기는 글렀구나 싶다가도 10만 원으로 해볼 수 있는 새로운 사업에 부풀기도 한다.

이렇게 5명이 모였다. 적극적으로 나선 둘을 리더 그룹, 뒤의 셋을 참여 그룹이라고 해보자. 리더 그룹은 이렇게 5명이 모인 상황에서 이제 모두 주인이 되어 주체적으로 할 거라 생각한다. 하지만 참여 그룹은 출자금 10만 원을 내놓은 것만으로 역할을 다했다고 생각한다. 여기서부터 사실 동상이몽이 시작된다.

동상이몽으로 인한 갈등의 시작은 신고서류 접수부터이다. 협동조합의 실체를 갖춘 뒤 사업을 하기 위해서는 법인을 설립해야 하고, 이때 각종 서류 작성이 필요하다. 리더 그룹은 참여 그룹과 함께 서류 작업을 하려고 한다. 협동조합이란 모두가 주인이 되고 다들 자기 일처럼 적극적으로 참여하는 것으로 배웠으니까. 하지만 참여 그룹은 그렇지 않다. 앞서 얘기했듯이 출자금을 내놓은 것으로 자기 할 일은 다했다고 생각한다. 이런저런 이유로 모임에도 잘 나오지 않는다. 리더 그룹은 여기서부터 뭔가 이상한 낌새를 느끼지만, 서류 작업 정도는 몇 명이서 뚝딱 만들고 말지란 생각으로 정리한다.

여기까지 듣다 보니 기시감이 느껴진다. 바로 '조별 과제 잔혹사'. 함께 과제를 하기 위해 모였지만 어느덧 소수의 일로 전락해버렸다. 보다 의욕이 높고 정보가 많은 이들이 앞장서 나가게 되고 시간이 지나다 보면 뒤가 허전하게 되는 것이다. 다만, 협동조합은 여기서 하나 더 추가된다. 조별 과제가 아닌 사업이라는 점이다. 즉 돈이 걸려 있는 문제라는 점이다. 학점 보다 더 큰 리스크이다.

어떤 돈이 들어갈까? 일단 협동조합 법인으로 사업을 하려고 하면 법인 등기를 해야 하고 사업자등록증이 나와야 한다. 그런데 이 모든 것들은 크고 작은 비용이 든다. 그런데 우리가 앞서 모은 돈은 일인당 10만 원 정도로 5명이서 50만 원을 모았었다. 등기비용으로 법무사를 통하는 경우에는 이런저런 비용을 다 해서 대략 40만 원~100만 원 정도가 든다. 물론 법무사를 거치지 않고 하나씩 해나갈 수도 있다.

정작 더 중요한 문제는 과연 50만 원으로 사업을 하는 게 가능할까라는 의문이다. 물론 당장 사무실을 차리거나 설비를 구입하지 않는다면 50만 원으로 활동비 삼아 시작할 수도 있다. 사무소를 가정집으로 두는 경우도 있으며, 공용 공간도 많기 때문이다. 또한 대학에서의 협동조합 창업이라면 앞에서 든 예처럼 창업보육지원센터나 학과의 지원하에 공간 마련이 가능할 수 있다. 또 앱 개발 등 설비보다는 인적 투입으로 사업을 해나가는 경우도 있다. 그렇다 하더라도 50만 원 이런 사업을 한다고 했을 때 무척 작은 금액이다.

사실 여기에 숨어 있는 전제들이 있다. 리더 그룹은 10만 원을 초기 신뢰 비용으로 보았다. 본격적인 사업비용으로 보지 않았다. 업종에 따라 다를 수 있지만 누가 50만 원으로 사업을 하겠다고 생각할 수 있겠나? 처음 협동조합 신고를 하려면 출자금이 필요하며 서로 간의 의지를 다지는 차원에서 모은 돈이라고 봤다. 협동조합 사업이 본격화되면 조합원들이 계속 증좌를 하거나 그때그때 필요한 비용들을 1/n 할 것이라 생각했다. 반면 참여 그룹은? 아니다. 참여 그룹에게 출자금은 사업이 끝날 때까지 그들이 감당할 수 있는 최대 비용일 수 있다. 즉 리더 그룹은 최소 부담으로 봤다면, 참여 그룹은 최대 부담으로 봤다는 큰 차이가 있다.

따라서 등기 비용을 비롯해 이런저런 비용들이 이야기되는 순간 참여 그룹은 협동조합이 밑 빠진 독이 아닌가 의심하기 시작한다. 아울러 그때부터 "야, 협동조합 만들기만 하면 정부나 지자체에서 지원해주는 거 아니었어?"라고 묻기 시작한다. 리더 그룹과 참여 그룹이 협동조합을 직면하는 순간이다. '협동조합이 도대체 무슨 장점이 있지?' 그러고 보니 딱히 장점이 없는 것 같다. 아니, 그보다 그제야 진지하게 왜 이 사업을 하려고 했는지 의문을 품게 된다.

사실 창업이란 많은 위험이 있고, 특히나 요즘 같은 불경기에 창업을 통해 성공하기란 더더욱 어려운 일이다. 협동조합이란 의미도 있고, 장점도 있지만 약점도 많다. 천천히 충분히 알아간 뒤에 하더라도 많은 어려움을 겪는다. 그런데 제대로 알아갈 시간도, 준비운동도 없이 바로 뛰어드는 경우가 너무 많다. 그렇기에 대학 안에서 충분히 협동조합의 장단점을 익히고 연습을 하는 시간이 필요하다. 그리고 단순히 협동을 책을 통해 지식과 정보로 받아들이는 것이 아니라 크고 작은 실천들을 통해 체화해나가야 한다. 이러한 경험은 협동조합 설립과 상관없이 사회생활에 필요한 중요한 역량이다.

협동조합을 만들어가는 3가지 단계

협동조합은 앞선 사례처럼 단순히 설립 행정에만 매몰될 경우에는 제대로 작동하기 어렵게 된다. 협동조합 설립을 위해서는 최소한 다음과 같이 3가지 단계를 거쳐야 한다. 함께할 사람을 모집, 협동 사업 구상, 협동 조직을 위한 규칙과 역할 정하기이며 주요 준비할 사항은 다음과 같다.

단계	주요 준비
함께할 사람 모집	• 협동조합 알아가기 • 공동의 필요 논의 • 뜻과 함께 마음 맞추기
협동 사업 구상	• 공동 사업 시너지 모색 • 관계 자원 탐색 • 판로 모색
협동 조직을 위한 규칙과 역할 정하기	• 우리 조합 규칙 만들기 • 역할 나누기 • 회의체계 만들기

1단계 '함께할 사람 모집'에서는 협동조합을 알아가는 데 중점을 둔다. 협동조합은 마음 맞고 뜻이 맞는 사람들끼리 함께하는 것이다. 서로의 라이프 스타일을 알아가고, 좋아하는 것을 알아가기도 해야 한

다. 또 무엇보다도 우리가 함께하려는 공동의 필요가 무엇인지를 탐색해나가야 한다. 협동조합의 정의를 다시 한 번 살펴보자.

국제협동조합연맹(ICA)
공동으로 소유되고 민주적으로 운영되는 사업체를 통해 공통의 경제적·사회적·문화적 필요와 욕구를 충족시키고자 하는 사람들이 자발적으로 결성한 자율적인 조직

협동조합기본법
재화 또는 용역의 구매·생산·판매·제공 등을 협동으로 영위함으로써 조합원의 권익을 향상하고 지역사회에 공헌하고자 하는 사업조직

미국의 농무성(USDA)
이용자가 소유하고, 이용자가 통제하며, 이용 규모를 기준으로 이익을 배분하는 사업체

가장 먼저 3개의 정의에서 공통되는 단어로 "사업체"를 꼽을 수 있다. 국제협동조합연맹ICA에서는 "공동으로 소유되고 민주적으로 운영되는 사업체를 통하여"라고 표현되어 있고, 협동조합기본법에서는 "조합원의 권익을 향상하고 지역사회에 공헌하고자 하는 사업조직"이라고 되어 있다. 미국 농무성 정의에서도 맨 마지막에 "사업체"라는 말이 나온다.

그런데 이 사업이 독특한 사업이다. 먼저 사업체의 목표가 다르다. "공통의 경제적·사회적·문화적 필요와 욕구를 충족"(ICA), "조합원의 권익을 향상하고 지역사회에 공헌"(협동조합기본법), "이용자를 위하

여"라고 되어 있다. 조금씩은 다른 표현으로 되어 있지만 "공동의 필요"를 충족하고자 하는 사업체임을 알 수 있다.

우리한테 보다 익숙한 사업체, 주식회사와 비교하면 그 차이가 뚜렷해진다. 주식회사의 목적은 바로 이윤 창출이다. 투자자들을 위해 많은 돈을 벌어들이는 것이다. 하지만 협동조합은 공동의 필요를 느끼는 조합원, 이러한 필요를 바탕으로 실제 협동조합을 이용하고 참여하는 이들의 필요를 충족시킬 것을 목적으로 삼는다. 만약 내가 투자한 돈 대비 많은 수익을 보장받고자 한다면 협동조합 방식의 사업체보다는 주식회사 방식의 사업체가 보다 효과적일 수 있다.

그럼 어떤 필요들이 있을까? 기재부에서 발간한 『협동조합업무지침』(coop.go.kr 자료실에서 다운받을 수 있다) 95페이지에 있는 "협동조합의 유형에 따른 사업의 이용"을 통해 다시 정리해보면 다음과 같다.

유형	정의	사례
소비자 협동조합	조합원의 소비생활 향상을 위한 물품의 구매 또는 서비스의 이용을 목적으로 하는 협동조합	산악협동조합을 통한 산악 장비 구매, 공동육아협동조합의 육아 서비스 이용, 주택협동조합의 주택 임대 서비스 이용
직원 협동조합	직원이 함께 조합을 소유하고 관리하며 안정적인 일거리를 늘려나가는 것을 목적으로 하는 협동조합	청소협동조합 청소부를 직원으로 고용, 대리운전기사들이 대리운전협동조합을 설립하고 자신들이 대리운전기사가 되는 것
사업자 협동조합	개별 사업자들이 수익 창출을 위해 공동판매, 공동 자재 구매, 공동 브랜드 사용 등을 목적으로 하는 협동조합	전통시장상인협동조합 조합원의 공동물류센터 이용, 자전거협동조합 조합원의 자전거 부품 공동 구매

2단계는 '협동 사업 구상' 단계이다. 공동의 필요를 협동 사업으로 하는 이점이 이성적으로 명확하게 느껴지더라도 실행하는 데 큰 어려움이 있다. 경제적 이점이 없는 가운데 사업을 시작한다면 사업체로서 지속가능성을 확보하기가 어려울 수 있다. 앞서 리더 그룹과 참여 그룹의 예를 통해 보여준 것처럼 사업에 대한 구체적인 고민이 부족하다면 정작 등기까지만 하고서 제대로 사업도 시작하지 못하고 중단될 수도 있다.

또한 앞뒤가 바뀌어서 사업 여력이 없으니 자꾸 지원금만 기웃거리게 될 수도 있다. 지원금은 '마중물'이어야 한다. 마중물은 펌프에서 물이 나오지 않을 때 물을 끌어올리기 위해 위에서 붓는 물이다. 일정 정도 자립이 가능할 때, 초기의 적절한 지원금은 약이 되지만 현장이 준비되지 않은 가운데 공급되는 지원금은 자칫 독이 될 수 있다. 자립 능력을 위한 사업 설계와 조합원들의 조직화보다 심사에 통과될 수 있는 사업계획 작성에 치중할 수 있다. 이는 비단 협동조합만이 아닌 우리나라 창업 생태계에서 반복되는 양상이기도 하다. 더욱이 우리는 여러 사람이 함께하는 사업 모델을 취하는 것이다. 협동조합이라는 운영 방식이 사업에 충분히 장점으로 작용하는지 냉정하게 따져볼 필요가 있다.

소비자 협동조합의 사례를 한번 들어보자. 예를 들어 정보 비대칭이 심한 분야 중 하나로 유기농산물을 들 수 있다. 파는 사람은 이게 유기농산물인지 아닌지 명확히 정보를 가지고 있지만, 사는 사람은 알 수가 없다. 이런 분야에서 소비자 협동조합을 만들어 유기농산물 재배 농민과 사전 계약을 해서 제대로 된 유기농산물을 골라내고,

유기농산물을 안정적으로 재배할 수 있도록 할 수 있다. 우리나라 생협들이 만들어진 원리이다. 대학 내에서 소비되는 상품과 서비스 중에서도 이처럼 정보가 비대칭인 영역들을 찾아 볼 수 있을 것이다. 예를 들어 운전면허와 토익 교육을 들 수 있을 것이다. 학생회를 통해 연결되기도 하지만 일정 지역의 대학생들이 협동조합 방식으로 모여서 필요한 교육 서비스를 검증하고 학생들을 위한 플랫폼을 만들어갈 수 있지 않을까.

또한 독과점으로 인해 생기는 문제들도 공동체적 소유 방식으로 해결하기도 한다. 우리가 앞서 살펴본 대학생협과 유사한 중고등학교 매점 학교협동조합이 그러한 예이다. 대학과 달리 중고등학교에는 매점이 하나밖에 없다. 따라서 학생들은 선택의 여지없이 매점에서 파는 물건을 살 수밖에 없다. 때로는 불량식품을 판매하기까지 해서 매점의 먹거리 문제가 뉴스에 나오기도 한다. 이렇게 울며 겨자 먹기 방식의 문제를 해결하기 위해 아예 소비자들이 사업체를 소유해서 건강한 먹거리를 소비자에게 적정한 가격으로 제공하자는 것이 협동조합 매점이다.

공동체적 경제의 이점을 활용해서 틈새 영역을 개척해가는 것이 협동조합 사업화에 대한 고민의 첫 시작이다. 강조하면, 다른 법인격과 달리 협동조합의 큰 특징은 투자자(주주) 소유 기업이 아니라 사업 이용자들이 출자하여 소유하는 이용자 소유 기업이라는 점이다. 이 부분을 끊임없이 고민해야 한다. 필요를 느끼는 이들이 공동으로 소유한다는 특징이 꼭 좋은 것만은 아니기 때문이다. 시장에서 일차적으로 충족되는 필요와 이용이었다면 기업을 소유하면서까지 어렵게 추구하지는 않을 수 있다. 또 한두 명의 특수한 필요라고 한다면 사업화하기가 어렵다.

소비 영역에서 예를 들었지만, 생산 영역에서도 협동의 이점이 발생한다. 직원으로 고용되는 것이 아닌 직원이자 경영자가 되어 공동 노동을 실현하겠다고 뭉친 경우가 그 예이다. 프리랜서나 개인사업자들이 뭉쳐서 공동 사업을 모색하는 경우도 있다. 공동 노동과 공동 생산을 통해 우리들이 원하는 일터와 생산 방식을 만들어낼 수 있기 때문이다. 출산이나 육아 등으로 경력이 단절되었던 여성들이 하루에 4~5시간 일할 수 있는 마을의 일자리를 마음 맞고 뜻 맞는 사람들끼리함께 만들어 우리들만의 일터를 만들어낼 수도 있다. 또 중간 수수료가 높고 이직이 높은 IT나 문화예술계 프리랜서들이 모여 구성원들이합의한 적정 수수료를 떼어내고 구성원의 의사가 반영된 사무국을 꾸려가는 사업자 협동조합을 만들기도 한다. 다양한 협동조합 사례들을살펴보면서 협동조합 사업의 장점을 가질 수 있는 분야를 찾아나가야한다. 실제 대학에서도 문화예술인, 사회복지사 등이 모여 협동조합설립을 추진하기도 한다. 학과에 따라 프리랜서로 일할 가능성이 높은경우 학과 단위의 협동조합 창업도 충분히 고려해볼 수 있는 부분이다. 물론 이 역시 억지 창업이거나 묻지 마 창업이 되지 않도록 1단계에서 논의한 공동의 필요와도 자연스럽게 연계가 되어야 한다.

마지막 단계는 '규칙과 역할 정하기'이다. 협동조합 방식으로 사업을 하는 것은 결코 쉬운 일이 아니다. 여러 사람이 함께 힘과 마음을모아 사업을 하는 과정은 결코 녹록치 않기 때문이다. 사업 규모에 비해 충분한 출자금을 모으기 힘들어서 시작도 못한 경우도 있지만 막상 시작해 놓고도 크고 작은 여러 오해와 갈등으로 공동체가 와해되는 경우가 많다.

생각해보면 당연한 일이다. 우리는 협동의 경험이 많지 않기 때문이다. 협동조합을 만들었다고 해서 갑자기 협동이 잘되거나 수평적이고 민주적인 공동체가 만들어지지는 않는다. 오히려 현실의 많은 협동조합들은 비민주적이다. 현실의 많은 민주국가들이 그러하듯이. 내 옆의 비민주적인 사람들이 협동조합의 조합원이 되는데, 이들이 협동조합을 만들었다고 해서 어느 순간 갑작스레 민주주의를 달성하는 것은 아니다.

그렇지만 협동조합은 공동의 필요를 사업으로 한 "규칙 있는 모임"이다. 1844년 최초의 성공한 협동조합 영국의 로치데일 공정선구자협동조합부터 해서 어떻게 하면 사람들이 협동하며 일을 할 수 있을까를 고민해온 이들이 바로 협동조합인들이다.

이런 고민 속에서 협동조합 7원칙이 정해졌다. 협동조합 7원칙은 국제협동조합연맹ICA에서 1937년과 1966년 두 차례에 걸쳐 공식 발표한 뒤, 1995년 새로운 시대 변화에 맞게 새롭게 정립한 것이다. 우리나라 협동조합기본법에도 반영이 되어 있다. 구체적인 항목은 다음과 같다.

1. 자발적이고 개방적인 조합원 제도
2. 조합원에 의한 민주적 관리
3. 조합원의 경제적 참여
4. 자율과 독립

5. 교육, 훈련 및 정보 제공

6. 협동조합 간의 협동

7. 지역사회에 대한 기여

언뜻 보면 협동을 위한 도덕 교과서처럼 고리타분한 원칙이라고 여길 수 있다. "뭔가 대단한 비결이 있을 줄 알았는데 저렇게 뻔한 얘기를 하다니"라며 고개를 절레절레 흔드는 사람도 있을 것이다. 사실 협동조합 교육에서도 7원칙을 그대로 얘기하는 순간 지루하게 느끼는 경우가 있다. 하지만 7원칙은 오랜 기간 협동의 시행착오를 겪으며 쌓아온 노하우이다. 즉 당위적으로 지켜야 할 규범이라기보다는 협동을 성공시키기 위한 성공의 원칙이다. 따라서 마치 농부가 농사를 지을 때 24절기를 유용하게 활용하는 것처럼 7원칙은 협동조합이 어려움에 부딪혔을 때 계속 상기하며 우리만의 언어로 풀어가야 하는 성공의 비결이다.

협동조합 사업을 시작하기 전에 저러한 규칙을 충분히 구성원들과 논의하며 우리의 이야기를 덧대어야 한다. 협동조합을 하기로 한 순간부터 사람들과의 논의를 즐겨야 한다. 사실 협동조합의 조직 체계는 한마디로 작고 큰 회의의 결합이다. 가장 작게는 운영위원회(의)가 있고, 중간으로는 이사회(의)가 있으며, 그 위로는 총회(의)가 있다. 이는 사실 국가의 구성이기도 하다. 민주주의 국가는 여러 회의들로 구성된다. 국회의원들이 모인 회의, 대법관들이 모인 회의, 국무위원들이 모인 회의 등등. 대통령 혼자서 결정하는 것이 아닌 크고 작은 회의를 통해 결정된다. 더 내려가면 반상회부터 해서 풀뿌리 민주주의 회의들로부터 올라간다.

　의견을 내고 나와 다른 의견들을 듣고 서로 간의 합의점을 찾아가는 과정은 정말 지난하고 힘든 과정이다. 그럼에도 우리는 표현을 해야 하고 의견을 들으며 싫든 좋든 합일점을 찾아가야 한다. 그래서 협동조합을 하는 사람들은 이른바 "말빨"이 세진다. 수다스러워진다. 협동조합에서 침묵은 금이 아니라 똥이다. 내 의견을 어떻게든 내놓지 않으면 지나갈 수밖에 없다.

　그렇다고 그냥 무조건 내 의견만 외치는 공간은 아니다. 협동조합은 회의 못지않게 앞서 얘기한 7원칙 외에도 다양한 규칙들이 존재하기 때문이다. 협동조합 공화국의 헌법인 정관이 있고, 법률에 해당하는 규약이 있고, 대통령령에 해당하는 규칙이 있다. 정관과 규약은 총회에서 만들어지고, 규칙은 이사회에서 만들어진다. 이러한 규칙에 맞추어 의견들이 나오고 합의된다.

　"피할 수 없다면 즐겨라"라는 말처럼, 협동조합을 하기로 했다면 어떻게 하면 다른 사람들과 의견을 효과적으로 잘 조율해갈까를 고민해야 한다. 보다 효율적인 회의 체계를 고민하고, 조합원들의 참여를 이끌어내는 방법을 고민해야 한다.

3. 국내외 캠퍼스 협동조합 육성 과정

외국에서의 캠퍼스 협동조합 육성 과정

실제 국내외 캠퍼스 협동조합은 어떠한 방식으로 육성되고 있을까? 우선 대학에서 단순히 교육만을 하는 것이 아니라 지역사회의 문제를 해결해가도록 하는 교육 방식이 다양하게 확산되고 있다. 일본 오사카 대학교는 다양한 이해관계자 간 소통을 통한 사회문제 해결을 연구하는 코디자인Co Design 센터를 만들어 학생들이 직접 지역문제 해결을 위해 비즈니스 모델을 만들도록 한다. 중국의 르핑 사회적기업가 재단은 일찍이 대학의 역할이 중요하다고 보고, 푸단대학교 등 중국 대학은 물론 스탠포드·매사추세츠공대MIT 등 미국 대학을 직접 방문해 사례를 연구하고 있다. 첸훙린 푸단대 사회복지학과 교수는 "일방적으로 교수가 강의하는 방식이 아니라, 학생들이 직접 사회적 가치 비즈니스 모델을 만들게 한다. 정부도 인재육성과 사회문제 해결 가능성의 접목을 긍정적으로 평가하고 있다"고 말했다(『한겨레』 2017년 12월 12일).

심지어 협동조합 방식으로 운영하면서 협동조합 창업을 적극적으로 펼쳐나가는 대학도 있다. 스페인 바스크 지방에 있는 몬드라곤대학이다. '몬드라곤'은 금융, 제조업, 유통, 지식 등 4개 부문 약 260개 회사가 하나의 집단에 속해 있는 거대한 협동조합 연합체이다. 지역 주민, 노동자들이 소유하고 운영하는 협동조합들이 모인 협동조합으로 바스크 지방이 커다란 협동조합 마을이기도 하다. 몬드라곤의 2010년 한 해 매출액은 22조 원, 자산 규모는 53조 원이다. 몬드라곤은 해외에 80여 개가량의 생산공장을 갖춘 글로벌 기업이며 제조업 매출의 60%는 해외 수출을 통해 달성하고 있다. 또한 8만 4,000여 명의 노동자 중 출자금을 낸 조합원은 3만 5,000여 명이다(『오마이뉴스』 2016년 3월 31일).

몬드라곤대학[1]은 몬드라곤협동조합에 속한 비영리 사립대학이며 교수 386명, 직원 600명, 학부 3,400명, 대학원 844명인 대학이다. 주정부 지원(13%), 수업료(34%), 프로젝트(23%), 교육(30%)으로 재정이 이뤄지고 있다. 1997년 여러 가지로 분리되어 있던 단과대학들이 하나로 뭉쳐서 지금의 몬드라곤대학이 되었다. 몬드라곤대학은 엔지니어단과대학, 경영대학, 인문사범대, 요리대학 등 4개의 단과대로 운영되고 있다. 몬드라곤대학의 기본적인 교육 방향은 창업 및 취업 시 현장에 즉시 투입 가능한 인력 양성을 목표로 운영되고 있다.

몬드라곤대학 역시 협동조합이기에 조합원들에 의해 운영된다. 조

---

1. 기획재정부(2015), 「스페인 몬드라곤협동조합 해외연수 결과 보고서」 및 기획재정부(2016), 「제2차 해외 선진 사례 연구 연수 결과 보고서」를 참조하며, 2016년 연수에 참여한 공동필자인 박주희 현구원의 기록으로도 식싱함.

합원은 학생, 교직원, 회사가 1/3이다. 다만 교육과정이나 교육 프로그램 같은 경우는 이사회에서 결정되지 않는다. 경영학부 같은 경우 새 과목이나 새 프로그램을 추가 할 때는 그 교육 프로그램을 만들기 위한 팀을 만든다. 예를 들어 협동조합에 관한 수업을 만들기 위해서는 협동조합 전문가나 이런 사람들로 풀을 만든다. 또한 석사과정에 새로운 교육과정을 추가로 하고 싶을 때는 토론이나 프로그램을 통해서 학생들의 의견이 많이 반영되고 있다.

다른 대학과의 두드러진 차이점은 협동조합인을 육성하는 데 좀 더 초점을 두고 있다는 부분이다. 몬드라곤대학의 미션 중 하나는 교육을 통해서 사회를 발전시키는 것이다. 사회 변화를 위해서 몬드라곤대학에서는 여러 가지 활동을 하고 있다.

몬드라곤의 모든 단과대학은 졸업생들이 졸업 프로젝트를 내야 하는데, 엔지니어들은 엔지니어링 관련 프로그램을 내야 하고, 인문단과대학은 그와 관련된 것, 요리는 그와 관련된 것을 내야 한다.

그중에서도 몬드라곤 경영학부는 더욱 현장 밀착 교육을 하고 있다. 경영학부에서는 4년 내내 학업과 산업을 같이 가고, 다른 단과대학은 졸업 후에 가는 인턴십 과정만 있다. 경영학부의 경우 이틀은 회사에 직접 출근해서 경영에 대해서 배우고, 이틀은 학교에 와서 공부를 하고 있다. 1학년 때 기업에 이력서를 보내고 면접을 봐서 4년 동안 바뀌지 않고 그 기업에 출근을 한다. 학생들과 경영진이나 직원과 친밀한 관계를 이룸으로써 학생들이 여러 가지 과목에 대해서 배우는데 그것을 출근하는 동안 가까이에서 접하게 된다. 예를 들어서 한 학생이 어떤 기업에 가서 일을 할 경우 판매나 유통에 관한 부서에서 일을 하게 된다면, 이후 그 학생은 판매와 유통에 관한 과목에 대해서는 다른 학생들보다 더 깊은 지식을 갖게 되고 어떤 경우에는 교수들보다 더 중요한 지식을 갖게 된다.

이와 같은 교육 방식이 시작된 이유는 학생들이 학교에서 배울 수 없는 지식을 현장에서 배울 수 있다고 생각했기 때문이다. 학생들이 기업에 가서 직접 일을 함으로써 회사에 있는 경영진들 또한 학생과 교수들이 각각 지식과 배움을 서로 교환을 할 수 있기 때문에 몬드라곤대학은 이를 중요하게 생각하고 있는 부분이다.

레인 프로그램(리더십 프로그램)도 몬드라곤대학의 자랑인데, 학생들의 리더십을 강화하기 위한 프로그램이다. 학생들의 리더십이나 기업가정신을 강화시키고 그들이 직접 기업이나 회사를 창업함으로써 학생으로서 배우기 힘든 것도 함께 배우게 된다. 레인 프로그램에 참여하는 학생들은 직접 회의를 하고 수입을 창출하는 일을 경험하게 된다. 레인 프로그램이 진행되는 4년 동안 여러 나라에 직접 가서 그곳에서도 교육을 받고 있다. 첫해에는 레인 프로그램이 생긴 핀란드에 갔고 2학년 때는 미국 실리콘밸리, 3학년 때는 중국과 인도에 간다.

협동조합인을 양성하는 것이지만, 이론만을 계속 배우는 것은 아니다. 협동조합의 가치와 철학을 별도로 배우기보다는 구체적인 주제와 연결하여 배워나간다. 경영학부 교수는 "개인적으로 협동조합 정신과 철학을 나열하라고 하면 나도 할 수 없지만 나의 가족들이 협동조합에서 일하고 있고 그것을 기반으로 하여 가르치고 있다"라고 얘기한다. 이론도 중요하지만 실행력을 중요시하는 풍토가 깊혀 있다. 따라서 "협동조합 정신과 철학을 배우는 것도 중요하지만 여기 학생들이 몬드라곤대학을 졸업하고 일을 했을 때 협동조합 정신과 철학을 본인의 의지대로 실행에 옮기는 것이 중요하다"라고 한다. 기업에 가서 사람들과의 관계에서 협동조합의 가치에 맞게 하는 것이 중요하다는 판단이다.

국내 캠퍼스 협동조합 육성 과정

현재 전국의 협동조합 및 사회적경제 관련해서 파악한 학부/대학원 과정은 다음과 같다.

학부 과정
• 경남과학기술대학교 사회적경제전공(연계전공, 복수전공, 부전공, 써티피케이트 certificate) • 농협대학교 협동조합 경영과(2년제), 협동조합 산업과(3년제) • 한신대학교 글로벌비즈니스학부(사회적경제 과정) • 한양대학교 사회혁신융합전공(2018년부터 모집 1학기 이상 학기 이수 후 신청)

대학원 과정
• KAIST 경영대학원 사회적기업가 MBA과정(석사) • 대구가톨릭대학교 사회적경제대학원 사회적경제학과(석사) • 성공회대학교 사회적경제대학원 협동조합 MBA가정/마을공동체 전공(석사) • 숭실대학교 사회복지대학원 사회적기업 전공(석사) • 한신대학교 사회혁신경영대학원 사회적경제학과(석사) • 한양대학교 국제대학원 글로벌사회적경제학과(석사) • 부산대학교 일반대학원 사회적기업학 전공(석사, 박사(예정)) • 성공회대학교 일반대학원 협동조합 경영학과(석·박사) • 이화여자대학교 일반대학원 사회적경제 전공(석·박사)

특히 성공회대의 경우 일찍부터 협동조합 관련 학과가 생겼다. 2010년 일반대학원 협동조합경영학과가 개설되었다. 농협대학 외에는 협동조합을 배우고 연구하는 과정이 전무하던 시기에 학과가 만들어졌다. 아이쿱에서 장학금을 후원하여 경제적 문턱도 낮췄다.

또한 협동조합이나 사회적경제학과가 개설되지 않았지만 여러 학교에서는 적극적으로 협동조합 교육(창업)을 학생들과 시도하고 있다. 2017년 성균관대, 계원예대, 성공회대 등이 몬드라곤 팀 아카데미 코리아(MTA Korea)와 협력해 대학생들의 사회적 가치 창업을 지원한 사례가 대표적이다.

MTA Korea는 앞서 소개한 몬드라곤대학의 협동조합 창업 훈련 방법을 도입하고 있는 교육연구소다. 해피브릿지협동조합이 세운 HBM 협동조합경영연구소와 스페인의 몬드라곤협동조합이 함께하고 있다. MTA에서는 '팀프러너(Teampreneur, team+entrepreneur)'를 강조한다. 기업가 정신이지만 혼자서 하는 것이 아닌 여러 사람들이 함께하는 팀으로서 하는 기업가 정신이다. 팀기업가를 양성하는 팀 아카데미(TA·Team Academy) 프로그램을 처음 개발한 이는 1993년 핀란드 이위베스퀼레대학의 요하네스 파르타넨 교수다. 몬드라곤에서도 TA 프로그램을 2007년부터 적극 받아들여 고유의 협동조합 문화를 융합한 '몬드라곤 팀 아카데미MTA'로 발전시켰다.

2017년 9월부터 2018년 1월까지 5개월 동안 이러한 협업형 창업(교육)에 참여한 학생들의 얘기를 들어보자. 이동창(성균관대 시스템경영공학 2년) 씨는 "코치들한테 물어도 답을 주지 않았다. 어떤 사업을 꾸리고, 수익을 어떻게 나눠야 할지, 모든 것을 우리 스스로 의논해서

정해야 했다. 실제 그렇게 해봤다는 것이 가장 큰 배움이었다. 가장 힘
든 일이기도 했다"고 말했다. 지원지(계원예술대 광고브랜드디자인 2년)
씨도 "말이 협력이지, 우리 팀에선 쌍욕이 난무했다. 그 과정이 값졌
던 것 같다. 사람 없이 살 수는 있지만 잘 살 수는 없다는 걸 배웠다"
고 했다(『한겨레21』 2018년 4월 9일).

성균관대에서 창업교육센터와 기업가정신과 혁신센터의 센터장
을 맡고 있는 이원준 교수도 협력적 교육(창업)의 중요성을 강조한다.
"10년간 학교를 다니며 제시된 답안 중 정답을 고르는 방법은 배웠지
만 제시된 답안 외의 답을 말하거나 문제 자체를 스스로 만들어내는
방법은 배우지 못하는 게 우리 교육"이라는 문제점을 느껴 2016년 기
업가정신과 혁신센터를 만들게 되었다고 한다. 이곳에서 이뤄지는 교
육도 "단순히 마케팅과 회계 관리에 대해서 알려주는 창업 교육이
아니라, 어떤 관점으로 아이템을 선정하고, 타인과 어떤 방식으로 협
력하여 창업을 이끌어나갈지 스스로 결정할 힘을 길러주는 '살아 있
는 교육'을 실시하는 게 가장 큰 장점"이라고 한다(『성균웹진』 2018년
3월 29일).

한양대[2]는 3S 혁신전략 중 하나로 Social Innovation Hanyang을
내세우며 사회혁신을 특성화전략으로 적극적으로 내세우고 있다. 이
를 위해 한양사회혁신위원회를 구성하고 사회혁신센터와 사회혁신연
구센터를 운영하고 있다. 특히 2018년부터 사회혁신 융합전공을 신설
하여 대학생들에게도 사회에 대한 이해를 강조하고, 공동체 안에서 문

---

2. 서울 청년 협동조합 컨퍼런스 자료집(2017. 11. 14) 및 한양대사회혁신센터 홈페이지(http://
   www.hvc.hanyang.ac.kr/?page_id=16035) 참조.

제를 인식하고 해결 방안을 모색하는 사회문제 해결 프로젝트 경험을 제공할 계획이다. 지역사회와도 한양-성수 사회혁신아카데미, 사회적 경제리더과정 등을 지원하며 무엇보다도 대학 교육과 관련한 변화를 꾀하고 있다.

예를 들어 '사회혁신 캡스톤 디자인'은 성수지역 소셜벤처 지원 기업인 '루트임팩트'와의 협력으로 이루어지는 캡스톤 디자인 교과목이다. 실전 경험을 갖춘 전문 교육 파트너와 프로젝트 연구와 실행으로 학생들이 직접 사회적 문제 해결 방안을 도출하도록 하고 있다. 더 나아가 이를 통한 소셜벤처 창업까지 이어지도록 한다. 문제 분석과 해결에 필요한 방법론을 학습하고, 현장 문제를 직접 해결해보는 실습 프로젝트를 진행하여 전문가의 피드백을 받아 역량을 강화하는 것을 목표로 한다. 총 8주의 과정으로 구성되며 다음과 같은 활동들이 이뤄진다.

- 팀별 토론, 프로토타이핑 및 고객 공감을 토대로 문제 개선을 위한 새로운 솔루션 제안을 최종 산출 목표로 하고, 그 과정을 지원할 강사 및 멘토 투입
- 매주 팀 프로젝트 기반의 디자인 사고 및 전략적 사고 수업 병행
- 팀 내 커뮤니케이션과 주차별 프로젝트 진행 경과를 공유하고 현황 분석을 통한 프로젝트 목적 구체화
- 정규 수업 외의 시간을 활용하여 과제 프로토타이핑, 고객 인터뷰 및 현장을 관찰하고, 매주 동료 및 현직자 피드백 바탕의 워크숍 및 발표를 진행하며 개인 에세이 작성

하지만 아직까지는 각 대학이 협동조합 창업에 있어 초창기 단계이다. 한 산학협력 담당 교수는 정부 차원에서의 '청년대학 협동조합 창업지원센터'를 제안하기도 했다. "학생 창업에 중앙정부나 지자체가 적극적인 관심을 보이고 있지만, 협동조합과 관련한 사회적경제 영역에는 관심과 지원이 부족하고 체계적인 교육 시스템과 성공 모델이 없다는 것이 현장에서 느끼는 어려움"이라는 지적이다. 앞서 살펴본 것처럼 정부에서도 협동조합 창업을 강조하고 있지만 협동조합의 창업 성과만이 목표가 되고 대학의 전반적인 창업교육의 다변화와 연결되지 못하고 있기 때문이다. "협동조합의 창업 모델도 기존의 성과를 이룬 모델에 협동조합의 특성과 가치가 융합되도록 설계한다면 의미 있는 협동조합들이 생겨날 것"이라고 전망한다. 협동조합 창업자 발굴, 교육, 인큐베이팅, 멘토링, 창업 등 통합적인 협동조합 창업 지원은 물론 체계적인 협동조합 창업교육 시스템을 개발하고 공유해, 협동조합 창업의 성공 가능성을 높이는 부분이 중요하다고 한다(『브릿지경제』

대학생협동조합 창업 고려 요인

- 학과의 특성과 배합할 수 있는 아이디어
- 학과 학생이 중심이 되어야 하지만 학과 교수의 지도 필요
- 학과 실습실 또는 학교 내 강의실에서 시작할 수 있도록 지원
- 캡스톤 디자인 수업과 병행하여 학생들은 학점을 취득할 수 있어야 초기 인건비 문제 해결이 가능함
- 창업이 시작되면 학교는 제3의 입장에서 지켜보아야 함
- 1/2년의 운영을 하는 동안은 일체의 책임을 묻지 않아야 함

출처: 서울 청년 협동조합 컨퍼런스 자료집(2017. 11. 14).

2016년 10월 31일).

실제 앞서 살펴본 상명대 안다미로협동조합의 경우에도 학교의 지원 및 외식영양학과 교수들의 적극적인 결합이 바탕이 되었다. 현재 이사장은 학과장인 이승우 교수인데, 교수를 하기 이전에 '아라마크'라는 글로벌 요식업체에서 직접 점장을 맡았던 경험을 바탕으로 꾸준히 협동조합 멘토 역할을 하고 있다. 다만 '학생의, 학생에 의한, 학생을 위한 협동조합'이라는 슬로건에 맞게 부족한 부분을 알려주는 정도로 학생들이 중심이 되도록 한다. 다음은 이승우 교수가 서울 청년 협동조합 컨퍼런스(2017년 11월 14일)에서 발표한 대학생협동조합 창업 고려 요인이다.

이를 통해 다음 예시처럼 학년에 따라 학생들이 단계적인 성장을 경험할 수 있다고 한다.

대학생 교내 협동조합 정책 제안의 기대효과

1년 기초 매니저의 역할에 대하여 숙지
2년 중간 매니저는 기초 분석을 하게 되며 시장의 추이를 보게 됨
3년 상급 매니저는 인사관리, 재고관리, 훈련, 대외활동, 응용능력을 갖추게 됨
4년 매니저는 위 부분에 대하여 이해하고 다른 산업과의 연대 가능

출처: 서울 청년 협동조합 컨퍼런스 자료집(2017. 11. 14).

대학생을 위한 협동조합 교육은 이제 시작이지만, 동시에 오래된 미래이기도 하다. 3장에서 살펴본 30년 역사가 된 대학생협이 있기 때문이나. 학생들은 협동조합을 경험하고 운영하면서 실제로서의 협동조

합을 만난다. 한국대학생활협동조합연합회를 통해 매년 학생임원 워크숍과 생협학교가 열린다. 대학의 상업화와 학생 수 감소로 인한 재원 확보를 위해 대학 내 대학생협의 자리가 줄어들고 있지만 동시에 후생복지 못지않게 교육적인 차원에서도 대학생협의 존재가치가 커지고 있다. 다음은 임원교육 1박 2일 프로그램 내용이다. 협동조합에 대한 이해 및 협동조합을 통한 창업, 주거 해결 등 입체적으로 이해하는 시간을 가지면서 삶의 문제 해결을 위한 협동조합 활용 방안 토론을 진행했다.

다음은 이를 통해 도출된 '우리에게 필요한 협동조합' 상이다. 교

대학생협연합회의 〈생협학교〉 프로그램

구분	프로그램 내용
1강	•대학생협의 시작과 가치
견학	•제주대생협 매장 견학 •조합원 지원 사례 학습
2강	•협동조합 알아보기 •협동조합의 제기 배경 학습 •협동조합의 철학과 다양한 활동 형태
3강	•협동조합으로 창업하기
4강	•협동조합으로 주거 해결
5강	•협동조합으로 한 달 살기
퀴즈대회	•생협벨: 협동조합 퀴즈대회
6강	•협동조합 모델링 •삶의 문제 해결을 위해 협동조합 활용 방안 토론 •대학생들에게 필요한 협동조합 모델링 실습
견학	•사회적경제 견학: 제주올레의 다양한 사회활동
7강	•학생의 민주적 운영 참여 •학생위원회 활동 사례 발표(학생 조합원 지원)

'한국협동조합대학교' 상을 발표하고 있는 대학생협 학생 임원들의 모습.
출처: 대학생협연합회

육-인턴십-창업이 협동의 방식으로 연계된 '한국협동조합대학교'를 비롯해 대학생들의 필요를 기반으로 한 다양한 상상력이 나왔다.

결국 캠퍼스 협동조합은 창업 자체가 목적이기보다는 대학생들 후생복지 향상과 교육적 효과를 목적으로 해야 한다. 대학생들에게 '협동조합으로 창업하라'를 권하기 앞서서 교수들에게 '협동조합으로 교육하라'를 외쳐야 할 이유이다. 따라서 다음은 협동조합을 통한 대학 교육의 구체적인 방법을 알아보려 한다.

5장

협동조합을 통한 대학 교육, 이렇게 해보자

이번 장에서는 필자인 박주희 박사가 경희대에서 진행한 '다른 경제, 다른 기업: 협동조합' 수업을 통해 대학에서의 협동조합 교육 방안을 탐색해보겠다. 협동조합은 교육으로 시작해서 교육으로 끝난다고 할 수 있다. 협동조합 7원칙 중 5번째로 "교육, 훈련 및 정보 제공"이 들어 있다. 반대로 교육에서도 협동조합을 적극 활용해볼 수 있다. 밀어내기 창업이 아닌 협동의 원리를 배우고 경험으로 익혀 더불어 함께 살아가는 방법을 대학에서부터 연습할 수 있도록 해야 한다.

협동조합 수업은 하나의 예시이며, 더 나은 수업 방식을 찾아갈 수 있을 것이다. 캠퍼스에서 협동조합 교육은 이제 시작이기 때문이다. 함께 고민하여 더 나은 프로그램을 만들어나가고자 부족하지만 그동안 쌓인 고민의 흔적을 공유한다.

1. 협동조합 수업의 구성

수업 배경과 목표

필자는 경희대에서 '다른 경제, 다른 기업: 협동조합'이라는 강의를 2015년 2학기부터 현재까지 6학기 동안 진행하고 있다. 이 수업을 맡아보지 않겠느냐는 제안이 내게 매력 있게 다가온 이유는 경희대에는 대학생협이 있기 때문이었다. 대학생협은 교육적 체험의 현장으로 활용 가능성이 크다고 생각하던 차에 실험해볼 수 있는 기회가 생긴 것이다. 이 강의를 맡기 전에도 나는 다른 대학 사회적기업학과 대학원생들에게 협동조합 강의를 4년째 가르치고 있었고, 중고등학교 학교협동조합을 지원하면서 청소년들과 하는 협동조합 체험 교육에도 익숙했다. 하지만 이들과 달리 분명한 자기 '현장'이 없는 학부생들에게 교양과목으로 협동조합 수업을 제대로 하려면 가깝고 실제적인 체험의 공간이 필요했다. 대학생협이 그 역할을 해줄 수 있을 것 같았다.

따라서 협동조합 수업을 교실에서 이론만 배우는 수업으로 구성할 생각은 없었다. 그것은 가능하지도 바람직하지도 않다고 여겼나. 생각해보면 내가 대학 시절에 공대와 사회대에 후배들이 있었는데, 이 친구들이 협동조합 활동에 관심을 가지고 있던 차에 경제학부의 전공과목으로 협동조합론이 개설된 것을 발견하고 수강 신청을 했었다. 그런데 그 수업은 미시경제학 이론 중심 수업이어서 성실한 친구는 한 학기 내내 수식 속에서 헤매며 괴로워했고, 호탕한 친구는 한 학기 동안 정기적 숙면의 시간을 가졌다고 말했었다. 이렇게 동기가 분명한 친구들도 이론 중심의 수업을 힘들어하는데, 2학점짜리 Pass/Fail로만 평가하는 교양과목을 신청한 학생들 중에는 협동조합에 관심을 가지고 수강 신청한 경우보다 교양학점을 채우기 위해 신청한 경우가 훨씬 많을 것이었다.

또한 협동조합을 이론 전달 방식으로 접근하는 것은 바람직하지도 않다. 우리가 민주주의를 이론만 가지고 가르칠 수 있었다면 대한민국 최고 엘리트들의 국정농단 사태는 일어나지도 않았을 것이다. 기업가 정신도 마찬가지이다. 기업가 정신에 대한 논문을 많이 읽는다고 창조적이고 혁신적인 실천가가 되는 것은 아니다. 다른 모든 지식도 마찬가지이지만 사회적경제와 협동조합은 특히나 정보 전달 중심이 아니라 체험에 바탕을 두고 교육이 이루어져야 하고, 스스로 문제 해결의 과정을 경험해볼 수 있는 체험의 장이 있어야 한다.

그래서 이 수업의 한 학기 목적은 '학생들이 협동조합의 가치와 운영 원리를 이해하고 자신의 삶, 대학생활, 또는 진로와의 연결점을 탐색해보는 것'이라고 정했다. 그리고 이를 위해서 학생들이 당장 주변의 문제로부터 시작하여 자신이 속한 학교 그리고 지역에서의 필요를 협동조합 방식으로 풀어가는 팀 프로젝트를 진행하도록 했다. 그리고 이러한 프로젝트를 진행함에 있어서 시야를 넓히기 위해 학기 중 학교 밖 서울 지역의 협동조합이나 마을공동체를 탐방하였다. 학생들에게 이 한 학기 수업이 다른 경제와 협동조합에 대해 즐거운 여행을 떠난다는 마음으로 함께하기를 기대했다.

수업의 개괄

15주의 수업은 크게 세부분으로 나뉜다. (1) 협동조합의 기본 이해 및 팀 빌딩, (2) 개별 사회적경제조직 탐방(혹은 특강) 및 성찰, (3) 프로젝트 진행이다.

차시	수업 내용	비고
1	오리엔테이션 나에게 협동조합이란	임시 팀 구성, 혹은 관심 주제와 희망 팀원 쪽지에 써서 내기
2	우리협동조합 빙고게임 협동조합의 기초 이해(필요, 사업, 규칙) 협동조합 7원칙 게임	[프로젝트 과제 1] 팀별로 밥 먹고 구성원 장점 찾아 올리기 (가) 주제 정하기
3	특강-내 직장 소비자협동조합 이야기 (아이쿱생협)	특강 소감문 적어 내기
4	아이쿱생협 생각나눔 소비자협동조합의 성공 요인 팀 주제 구체화를 위한 토론	팀 주제 확정
5	과제기술문 발표	[프로젝트 과제 2] 과제기술문 올리기, 생협 관계자 초청 예정
6	[현장 탐방 1] 성미산마을 (내가 살고 싶은 마을, 어떻게 만들 수 있을까?)	[탐방 과제 1] 탐방 소감문 올리기
7	성미산마을 생각나눔 협동조합과 지역사회	

8	[현장 탐방 2] 노동자 협동조합 탐방 (해피브릿지, 택시협동조합, 우리가 원하는 일터 우리가 만든다!)	[탐방 과제 2] 탐방 소감문 올리기
9	해피브릿지, 택시협동조합 생각나눔 노동자협동조합의 성공 요인	
10	협동조합 유형의 이해 (볼로냐의 협동조합 사례) 실행 계획 점검	필요시 생협 관계자 초청 가능 [프로젝트 과제 3] 실행 계획서 올리기
11	팀 프로젝트 시행 (날짜 변경 가능)	시행 소감문 개인별 정리
12	[현장 탐방 3] 서울혁신파크(협동조합 생태계, 보고 느끼고 생각하기)	[탐방 과제 4] 4차 탐방 소감문
13	혁신파크 생각나눔 협동조합 생태계	
14	프로젝트 실행 결과 발표	[프로젝트 과제 4] 결과 발표 올리기 생협 관계자 초청 예정
15	협동조합 이론과 실천	[최종 보고서] 개인별 보고서 제출

2. 수업의 진행

협동조합의 기본 이해 및 팀 빌딩

수업은 강의 방식을 설명하는 오리엔테이션과 학생들의 자기소개로 시작된다. 이는 한 주에 마무리해도 되고, 첫 주가 수강신청 변경 기간임을 반영하여 두 주에 걸쳐서 해도 된다.

학습 목표

- 협동조합에 대한 흥미 유발
- 협동조합 기초 이해
- 협동조합 자기 언어로 얘기해보기
- 프로젝트를 위한 초기 관계 형성

차시	수업 내용
1	오리엔테이션 나에게 협동조합이란
2	우리협동조합 빙고게임 협동조합의 기초 이해(필요, 사업, 규칙) 협동조합 7인칙 게임

오리엔테이션은 수업에 대한 기본 소개이다. 강의계획서를 4페이지 정도로 자세하게 작성해서 안내한다. 자기소개는 학생들이 팀을 구성하기 위해서 서로를 파악하는 시간이기도 하고, 협동조합이 무엇인지에 대하여 현 단계에서 학생들 스스로의 지식을 공유하는 시간이기도 하다. 그리고 서로 간의 동기를 다지는 시간이기도 하다. 자기소개는 이러한 목표를 달성할 수 있도록 다음과 같은 질문에 대한 답변을 포함하도록 했다.

자기소개에 포함할 항목

① 이름, 학과, 학번
② 자기를 잘 나타내주는 동물
③ 나에게 협동조합이란?
④ 이 수업에서 얻고 싶은 것은?

자기를 잘 나타내주는 동물 이야기하기는 학생들이 짧은 시간에 자신의 개성을 다른 학생들에게 자연스럽게 표현하게 해주는 좋은 수단이다. 학생들이 소개한 내용을 보면 먼저 자기의 성격을 설명하는 경우가 있다. 예컨대, 이런 식이다.

"저를 잘 나타내주는 동물은 강아지예요. 돌아다니는 것을 좋아하거든요."
"저는 비글이요. 가만히 못 있어서요."
"치타요. 집중력은 좋은데 지속성이 떨어지는 경향이 있거든요."

"참새요. 여행을 좋아해서 중국, 멕시코, 남미를 다녀왔는데, 참새가 그런 저를 잘 나타내주는 것 같아요."

"거북이요. 제가 좀 느려서요. 그래도 열심히는 합니다."

"저는 북어요. 친구들이 죽은 눈이라고…."(웃음)

"거북이요. 엄청 빠른데 생긴 게 그래서."(웃음)

이처럼 꼭 성격을 표현하지 않고 외형적으로 닮은 동물로 표현하는 경우도 많다. 이런 경우도 그냥 이름과 학과를 넘어 각자의 개성을 드러내며 30명이 넘는 학생들 한 명 한 명을 서로 비교적 잘 기억하게 해주는 효과가 있다.

다음으로 '나에게 협동조합이란?'이라는 질문에 대한 대답은 협동조합이 무엇인지에 대해 학생들이 배움 전에 지식을 공유하는 계기가 된다. 먼저, 가장 많이 나오는 반응은 다음처럼 경희대생협을 통해 이해한 협동조합이다.

"저에게 협동조합이란 책값 할인을 받는 곳? 그 정도요."

"에코백 나누어줬던 곳이요"

"생협 대의원 했었어요. 모니터링도 했고요."

"조합원 요리대회에서 입상을 했었습니다."

이러한 사업들은 프로젝트의 현장이 될 수 있는 경희대생협에 대해서 자연스럽게 경험을 공유하는 기회가 된다.

어떤 학기에는 소수이지만 협동조합을 처음 들어보고 강의를 신청

했다는 학생도 있었다. 대학 안에 협동조합이 있고, 상시적으로 이용하는 식당과 서점 등이 협동조합에서 운영하고 있지만 알지 못하면 안 보이는 법이다. 그냥 지나친 곳들이 협동조합이라는 곳을 알면서 신기해하는 수강생들도 많이 본다. 대학생협에서도 계속적인 교육, 홍보가 중요한 이유이다. 따라서 이 수업을 통해 생협 홍보 드라마 영상을 만든 팀이 생겼고, 이를 생협학생위원회와 사무국이 신입생 오리엔테이션에 틀어주기도 했다.

반면 5학기가 되면서 지난 학기와 연결된 프로젝트도 생겨나고 있다. 학기 초에 지난 학기에 진행된 프로젝트를 소개해주기도 하지만, 학생들이 자신들의 활동내역과 소감문을 페이스북 그룹 "경희대 후마니타스칼리지 협동조합 수업"(https://www.facebook.com/groups/khucoopclass/)에 올리도록 해 축적이 될 수 있도록 해서이다. 이러한 축적의 효과도 기대했지만 경희대 학생들에게 협동조합에 대한 내용이 보다 더 널리 알려질 수 있도록 하기 위해서 수업 내부 게시판 보다 페이스북 그룹에 올리도록 했다.

그리고 자신의 전공이나 경험과 연결하여 협동조합에 대한 좀 더 깊은 이해를 보여주는 친구들도 있다. "저에게 협동조합은 낯선 존재입니다. 전공이 간호학과인데 선생님이 말씀하신 병원협동조합이 있는지 몰랐네요. 배우는 시간이 될 것 같습니다"라거나, "제가 경영학과인데, 협동조합은 사회적 책임 기업이라고 생각하는데 구체적으로 알아보는 기회가 됐으면 합니다", "협동조합은 사회적 약자들이 힘을 모으는 거라고 생각하는데, 평등을 강화하지만 문제점도 많을 거라고 생각하는데요. 제가 경제학과인데 그런 것을 배우고 싶습니다" 같은 대답들이 그것이다.

혹은 자기 경험만이 아니라 가족의 경험과 연결해서 대답한 친구도 있는데, 이런 경우도 다른 학생들에게 협동조합의 다양한 모습에 대해서 서로의 언어로 배울 수 있는 기회가 된다. 이 경우 교수자의 적절한 개입과 설명이 덧붙여지면 교육이 풍부해진다. 예컨대, "저에게 협동조합이란 어머니가 하고 계신 일입니다." 하고 짧게 대답한 친구에게는 어느 지역에서 활동하는지를 물어보았다. 이 친구의 어머니는 한 자치구의 마을기업지원센터에서 일하고 계셨다. 나는 그 지역에 활동이 활발하다는 점을 짧게 코멘트하면서 "우리의 세 번째 탐방지가 서울 혁신파크인데 그곳에 가면 협동조합을 지원하는 중간지원조직들을 볼 수 있는 기회가 있다"며 수업과 연결점을 이야기해주었다. "저에게 협동조합은 아버지의 일입니다. 협동조합은 조합원의 이익 창출을 위한 곳이라고 생각합니다"라고 말한 친구도 있었는데 물어보니 농협에 근무하셨다. 나는 "다음 시간에 협동조합의 다양한 유형에 대해 공부할 기회가 있을 것"이며, "생산자협동조합과 경희대생협과 같은 소비자협동조합의 차이가 있다 그러니 유형별 강점을 알아내서 프로젝트에 적용하면 좋겠다"와 같은 설명을 덧붙였다.

자기소개가 끝나고 나서는 처음 소개에서 밝혔듯이 희망 팀원을 구성하기 위한 시간을 주었다. 이번 학기에는 팀원은 5명을 넘지 않도록 하되, 자기소개를 들어보고 함께하고 싶다는 생각이 드는 친구들은 서로 이야기해서 이름을 함께 적어 내거나, 부끄러워서 그런 게 힘들면 자기 이름과 함께 희망 팀원을 종이에 적어서 내면 최대한 희망 사항을 반영해서 팀을 구성해주겠다고 했다. 자기소개 시간을 충분히 활용하여 유쾌하게 진행되면 이 과정은 비교적 수월해진다. 친구 두 명이 함께 수강 신청한 친구들은 한 팀이 되어 자기소개 때 다른 이들의 소개를 들으며 자기와 맞을 것 같은 새로운 학생에게 제안을 하여 팀을 구성하기도 한다. 그렇게 쪽지를 모아 보면 5명으로 완성해서 제출하는 경우도 있고, 3~4명까지만 모으고 나머지 인원은 교수님이 채워달라고 하는 경우도 있다. 부끄러움이 많은 친구는 그냥 개인적으로 쪽지를 적어 내기도 한다. 나는 3~4명을 모은 친구들에게는 혹시 어떤 주제에 관심이 있는지 어떤 친구를 원하는지 대략적으로라도 알려달라고 해서 개인 쪽지를 낸 친구들을 그곳에 매칭시킨다.

이렇게 1차시 수업이 끝나고 난 다음 주에는 팀 구성(안)을 바탕으로 협동조합에 대한 기본 이해를 위한 수업을 진행한다. 팀 구성안을 보여주고 5분 정도 약간의 조정 기간을 거치면 오늘 게임을 할 팀원이 확정된다. 교수자가 제시한 팀 구성안에 대해 이견이 있는 경우 조정하는 시간이기도 한데, 주로 자기소개 시간에 결석했던 학생들이 임의로 구성된 팀에 대해 의견을 말한다. 이번 학기에는 자기소개 날인 첫 수업에 결석한 친구가 4명이서 이들과 쉽게 가자는 의지를 표현한 한 명을 임의로 한 팀으로 묶었는데, 실제로는 3명이 나타나서 팀원이 부족해서 각자의 관심사나 친구를 찾아서 다른 팀으로 흡수되는 방식으로 조정을 하였다. 예컨대, 한 명은 유학생이어서 지난 수업 끝나고 경희대생협의 유학생 관련 사업에 관심 있다고 했던 팀을 제안했고, 다른 친구는 자기 친구와 같은 팀이 되고 싶다고 처음부터 이야기했기에 이렇게 된 마당에 그 팀으로 가라고 허락했다.

이렇게 구성된 팀이 친해질 수 있는 시간으로 수업 시간에 '우리협동조합 빙고게임'을 했다. 이는 협동조합에 대해 쉽게 흥미를 잃거나 수동적이 될 수 있는 친구들에게 최고의 게임이다. 수업의 목표는 학생들이 경희대생협을 대상으로 하는 빙고게임 방식을 통해서 주도적으로 참여해서 서로 협동조합에 대한 지식을 공유하고, 서로 설명하고 질문하고 토론하게 하는 것이다. 이 게임을 위해서 사전 준비 사항은 팀(5~6명씩×6조)에 따라서 책상 배치하는 것과 빙고게임 용지가 전부이다.

빙고게임

방식 일반 빙고게임의 숫자 대신 협동조합과 관련한 키워드 적기, 조에서 의논해서 경희대생협이라고 했을 때 떠오르는 단어를 가지고 표를 완성. 경희대생협의 조직, 사업 관련 특징, 경희대생협과 일반 생협의 공통적인 특징을 적도록 안내. 2줄 지우면 빙고를 외치고 승리

소요 시간 논의 시간(10~15분), 게임 진행(30분)

목적 협동조합과 관련한 연상 단어 파악

준비물 게임용지, 필기구

이 게임에서 중요한 건 개념에 대해 재미나게 얘기해보는 것이다. 조 순서대로 단어를 이야기하고 공통된 단어가 나오면 지워나가는데, 이때 그 개념에 대해서 모르는 사람이 있으면, 그 단어를 부른 사람이 "왜 '생협' 하면 그 단어가 떠오르는지, 왜 그게 생협에 중요한 이슈인지" 설명하게 한다. 세 팀 이상이 정말 상관이 없다고 이의를 제기하면 쉬오된다. 이러한 규칙은 게임을 훨씬 흥미진진하게 만드는 요

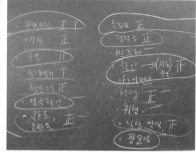

우리협동조합 빙고게임.
한 팀의 빙고게임 용지 사례(왼쪽)와 학생들이 부른 단어와 공유한 팀의 횟수를 칠판에
기록한 사례(쉬는 시간 동안 교수자가 다른 색의 분필을 이용해 그룹핑함).

인이다. "이의 제기합니다", "오케오케, 말이 되네요" 하면서 학생들이 참여하고, 손으로 O.K. 표시를 하면서 말이 된다고 하는 표현도 하였다. 그리고 나도 친구들이 정하면 좋을 것 같은 주제로 설명을 덧붙였다.

게임을 마무리하고 쉬는 시간에는 교수자가 칠판에 적힌 단어들을 다른 색깔의 분필로 그룹으로 묶은 뒤에 2교시를 시작했다. 학생들이 빙고게임을 통해서 찾아낸 단어들은 자연스럽게 협동조합의 기본적인 특징을 드러내준다. 예컨대, 사진과 표는 이번 수업에서 나온 단어를 그룹핑한 것을 보여준다. 협동조합의 조직적 특징을 보여주는 단어, 협동조합의 사업을 보여주는 단어, 그리고 사업 중에서도 교육 및 생활문화사업으로 분류되었다. 이렇게 학생들이 찾아낸 단어를 통해서 나는 자연스럽게 "협동조합은 결사체association이자 사업체business이며, 사업의 내용은 매출이 발생하는 사업만이 아니라 다양한 조합원환원사업을 포함한다"라는 내용을 설명할 수 있다. 그리고 "조직체로서의 규칙은 어떤 것이 있는지 이제 협동조합 7원칙 게임을 통해서 알아보자"라고 말하며 다음 수업을 도입한다. 이는 이어지는 협동조합에 대한 기본 이해를 위한 짧은 강의와 7원칙 게임을 자연스럽게 시작하는 계기가 된다.

우리협동조합 빙고게임에서 학생들에게 불린 단어를 그룹핑한 사례

조직 및 지향	수익자 부담 사업	생활문화사업	외부의 협동조합
공생상부상조 사람 중심 학생위원장 조합원(3) 수익성 수평적 구조 =1인 1표(2)	법향(카페 이름)(3) 두레생협매장(3) 자판기(2) 문구점, 매점 다향(카페)(2) 학식(학생식당)(2) 과일 청운관 사업	삼계탕(2) 레드테이블 생활비장학금 의료공제 주희(협동조합수업)(2) 플리마켓(2) #옷장을 열면 수도권통합버스 #귀향버스 엔젤 투자 근로장학생(2) 짐캐리(2)	볼로냐 구례(2) 축협 수협 원주

이러한 빙고게임 역시 협동조합에 대한 기본적인 이해를 학생들 스스로 지식을 구성해가며 배우게 하는 과정이다. 협동조합 빙고게임은 쉽게 흥미를 잃거나 수동적이 될 수 있는 친구들에게 매우 효과적인 게임이다. 학생들은 게임이라는 형식을 통해서 다른 학생들의 말에 집중할 수 있고 적극적으로 자신 생각을 활성화하게 된다. 또한 학생들이 찾아낸 단어를 그룹핑하는 과정은 학생들이 자신들의 협력적 과정을 통해서 협동조합이 무엇인지 요약되는 과정을 시각적으로 접하는 과정이 되기도 한다. 교수자는 촉진을 했을 뿐이고 학생들은 협동조합의 핵심적 개념이 이미 자신들이 찾아낸 단어들 속에 있었다는 것을

알게 되는 것이다.

나는 매주 수업이 끝나면 학생들에게 메모에 '수업에서 기억이 남는 점, 궁금한 점, 혹은 강의 및 팀 활동 관련 제안'을 쪽지에 적도록 한다. 이날 수업에서 여러 가지 인상적인 내용에 대한 감상이나 질문 외에도 수업 방식에 대한 코멘트도 있었는데 예컨대, "게임을 하면서 자연스럽게 정보가 공유되어서 좋았다", "빙고게임을 해서 아예 몰랐던 협동조합이 어떤 것인지 대충 감이 온 것 같다. 그리고 협동조합이라는 게 생각했던 것보다 종류가 엄청 많고 다양하고 스케일이 크다는 것을 알았다. 앞으로 더 배우고 싶다는 생각이 들었다"와 같은 내용이었다. 이렇게 빙고게임 결과에 대한 공동의 해석을 한 이후에는 협동조합의 기본 이해에 대한 강의를 짧게 이해했다. 주로 학생들이 알 만한 유명한 사례를 소개하는 방식을 통해 짧게 강의하고, 7원칙은 빈칸 채우기 게임 방식으로 진행했다.

수업이 끝난 후에는 '팀별 밥 먹고 팀원별 장점 찾기'를 과제로 냈다. 밥 먹으면서 팀원별 각자의 장점을 이야기해보는 과제인데 이것을 하고도 시간이 남으면 주제를 좁혀보라고 말했다. 그리고 그 결과를 수업 SNS 게시판에 인증샷과 함께 올리도록 했다. 장점은 진지하게 성격에 대한 이야기를 나눈 경우도 있고, 농담처럼 올린 경우도 있고, 또 프로젝트와 관련해서 올린 경우도 있다. "꼼꼼한 성격이 장점입니다 털털한 매력까지 더해져 매력 폭발", "학식 밥을 거의 모두 먹어봤습니다", "얼굴" 등이 그 예이다. 친해지는 것이 목적이므로 분위기로 팀별 진행 상황을 파악하였다.

사회적경제조직 탐방(혹은 특강) 및 팔로업(Follow-up) 수업

학습 목표

- 실제 협동조합 조직 탐방을 통한 협동조합 입체적 이해
- 협동조합 유형, 협동조합 생태계라는 추상적인 논의를 위한 징검다리 역할

차시	수업 내용
3	특강-내 직장 소비자협동조합 이야기(아이쿱생협)
4	아이쿱생협 생각나눔 소비자협동조합의 성공 요인
6	[현장 탐방 1] 성미산마을 (내가 살고 싶은 마을, 어떻게 만들 수 있을까?)
7	성미산마을 생각나눔 협동조합과 지역사회
8	[현장 탐방 2] 해피브릿지 (노동자협동조합, 우리가 원하는 일터 우리가 만든다!)
9	해피브릿지 생각나눔 노동자협동조합의 성공 요인
12	[현장 탐방 3] 서울혁신파크(협동조합 생태계, 보고 느끼고 생각하기)
13	혁신파크 생각나눔 협동조합 생태계

협동조합에 대한 기본 이해가 된 이후에는 실제 협동조합을 직접 만나도록 했다. 4군데를 택했는데, 1) 소비자협동조합, 2) 마을공동체, 3) 노동자협동조합, 4) 협동조합 생태계로 했다. 소비자협동조합과 노동자협동조합은 학생들이 보다 쉽게 다가올 수 있고 관심 있을 만한 협동조합 유형이라서 택했다. 특히나 대학생들이 가장 관심이 갈 수 있는 미래의 취업과 연계하려고도 했다. 또한 성미산생협과 관련한 프로

젝트가 많았기에 소비자협동조합부터 특강 형태로 입체감 있게 만날 수 있도록 했다. 마을공동체와 협동조합 생태계의 경우 협동조합을 하나의 고립된 단체로서만 생각하지 않고 사회 속에서 생각할 수 있도록 하기 위해 택했다. 지난 학기에는 이 4개의 주제와 관련해 각각 아이쿱, 성미산마을, 해피브릿지, 혁신파크를 택했다. 아이쿱 생협의 경우에는 탐방보다 관계자가 와서 직접 안내해줄 수 있는 특강 형태로 했다. 탐방 전에 대략적인 안내를 해주기도 하나, 수강생들이 직접 경험하면서 질문하고 생각을 품을 수 있도록 했다. 궁금한 이들에게는 미리 충분히 찾아볼 수 있도록 링크들을 안내해줬다. 다음은 4번째 탐방지인 서울혁신파크에 대한 사전 안내이다.

내일 탐방지 안내입니다. 지난 시간에 말씀드린 것처럼 이번 탐방지는 따로 현지 안내자가 없기 때문에 조원 5명이 각 기관을 맡아서 한 줄 설명을 준비해 오셔야 합니다. 웹사이트 찾아보시면서 혹시 청년들이 알아두면 좋은 자원이나 행사가 있으면 메모해두었다가 설명해주는 것도 좋겠지요. 조원 내에서 이름으로 가나다라 순서대로 아래 기관을 맡으시면 되겠습니다. 내일 봬요.^^

서울혁신파크 탐방 안내표

일시 11월 25일(금) 오전반 10:30am, 오후반 4:00pm
장소 서울혁신파크(서울 은평구 통일로 648 1동) 미래청 건물 내
　　　1층 사회적경제지원센터 앞 카페에서 집결
*불광역 2번 출구에서 10분 정도 걸리니 늦지 않게 오세요.

탐방지 관련 웹사이트

- 서울혁신파크(1동) http://innovationpark.kr/
- 중간지원조직(1동)
  서울시사회적경제지원센터
  https://www.facebook.com/Seoulsehub
  http://sehub.net/
  서울시협동조합지원센터 http://www.15445077.net/
  청년허브 http://youthhub.kr/
- 입주단체
  금자동이(28동) http://www.kumjadonge.co.kr/
  우드쿱(4동) http://www.woodcoop.net/shopinfo/company.html

다만 매 방문지마다 주요하게 생각해볼 수 있는 테마는 정했다. 예를 들어 아이쿱생협의 경우에는 "내 직장 소비자협동조합 이야기"였다. 특강 오는 분에게는 소비자생협에 대한 이야기도 좋지만, 협동조합이 직장으로서 어떤 매력이 있는지를 안내해달라고 했다. 아무래도 대학생들에게는 취업이 당장 닥친 관심사이기 때문이다. 그리고 두 번째 탐방지인 성미산마을의 경우에는 "내가 살고 싶은 마을, 어떻게 만들 수 있을까?"라는 주제를 주었다. 마찬가지로 나머지 경우도 "노동자협동조합, 우리가 원하는 일터 우리가 만든다!", "협동조합 생태계, 보고 느끼고 생각하기"라는 주제를 주었다.

중요한 것은 다녀온 뒤 간단하게라도 소감문을 SNS에 사진과 함께 올리도록 하였다. 이렇게 하는 이유는 부족하더라도 자기가 직접 말하고 써보면서 자기의 것으로 체화되기 때문이다. 또한 다른 사람의 소감문을 보며 자기가 미처 발견하지 못한 새로운 부분을 알아내는 상호 학습의 효과도 있었다.

성미산마을 탐방기

협동조합에서 직접 활동하시는 분이 강의를 할 때까지만 해도 협동조합이 크게 와닿지 않았는데, 강의 후 직접 비누두레, 성미산학교, 함께주택을 보면서 실질적으로 운영되는 모습을 보니 너무나 신기할 따름이었습니다.
제가 지금까지 봐오던 딱딱한 서울의 모습과는 너무나 다른 모습에 놀라기도 하면서, 제가 어렸을 적 지내던 제주 동네가 생각나 친근함을 느꼈습니다. 개인의 삶을 살기에 각박한 세상에 이렇게 서로 교류하고 협력하는 모습이 너무나 보기 좋았습니다!

해피브릿지 탐방기

지난 금요일 오후 해피브릿지를 방문하였습니다. 저번에 방문했던 성미산마을이 마을공동체였던 점과는 다르게 해피브릿지는 노동자 협동조합이었습니다. 해피브릿지는 사람이 목적이 되는 회사로 직원과 고객의 경제적 만족과 자아실현을 위한 지속가능한 협동조합 기업입니다.
해피브릿지의 핵심 가치는 행복, 사람, 협동, 상생으로 모든 직원들이 이를 염두에 두고 활동하고 있다고 합니다. 꾸준한 교육을 하며 점장님들의 교육 참여 비율이 높고, 이때 교육 회의에서는 누구나 발언권을 가지고 교육을 진행합니다. 각 점포마다 자율적 운영을 통해 가격, 메뉴가 다르게 운영된다고 합니다. 노동자조합으로 효율적으로 잘 운영되고 있다는 점이 신기했고, 그냥 국수 프랜차이즈 점인 줄 알았던 국수나무가 협동조합인 걸 알게 되었습니다.

서울혁신파크 방문기

협동조합 수업 마지막 탐방을 다녀왔습니다. 겉에서 보는 평범한 느낌과 달리 안쪽은 인테리어랑 분위기가 유니크하고 자유로워 보여서 인상 깊었습니다. 와관도 평범하지 않게 꾸미면 지나가는 사람들에게 좀 더 호기심과 관심을 유발하지 않을까 생각을 해보았습니다.

수업을 통해 협동조합을 배워서 성미산마을 탐방 때와 다르게 단체별로 어떤 협동조합인지 사회기업인지 생각해보는 재미도 있었습니다. 수업을 통해 몰랐던 협동조합이란 기업 형태도 배우고 이곳저곳 몰랐던 곳도 가봐서 좋았습니다.

또한 탐방 이후의 수업은 반드시 탐방 주제와 관련한 심화 논의가 이뤄질 수 있도록 했다. 먼저 이론을 접한다면 추상적이어서 흥미가 떨어질 수 있지만, 탐방을 한 직후이기에 보다 능동적인 참여가 가능했다. 예를 들어 소비자협동조합 탐방이 이뤄지고 나면 그다음 수업은 소비자협동조합 성공 요인에 대한 교육을 진행했다. 특히 팀에서 포스트잇으로 성공 요인을 적어보게 했다. 수업 자체가 탐방과 긴밀하게 연계되면서 흥미를 유발하도록 했다. 다음은 이렇게 하여 학생들이 발표한 강점과 성공 요인 내용을 칠판에 정리한 내용이다.

학생들이 발표한 소비자협동조합의 강점과 성공 요인

＊괄호 안 숫자는 공통되게 나온 조의 숫자

1. 조합원의 참여(3)
   기획이 서비스 개발 및 평가에 조합인 참여

지역사회에의 기여를 통한 깊은 관계(2)
- 구례 파크의 사례처럼 지역사회에 기여하는 것은 단기적으로 수익에 기여하지 못하는 것처럼 보일 수 있지만 장기적으로는 기여함

2. 사회적 목적(2)
- 사회적 목적을 전면화함으로써 직원의 참여를 높임
- 건강 등 가치를 중시함으로써 소비자 신뢰를 높임

3. 기타
안정적 공급관리(생산 약정 등을 통한 안정적 공급관리), 편리성
(One Stop Shopping), 신뢰 및 품질 등

앞의 조가 발표한 내용과 비슷한 항목이 자기 조에도 있으면 손을 들게 해서 옆에 숫자를 채워 넣었다. 학생들이 발표할 때 강사는 "이 것이 소비자협동조합만의 강점인가? 다른 기업은 그렇지 않나?"와 같은 질문을 던지며 생각을 유도하고, 학생들은 설명을 보충하면서 발표 내용을 더 가다듬도록 도왔다. 예컨대 소비자협동조합의 장점이 one stop shopping이라고 했을 때 그와 같은 질문을 했다.

이렇게 하는 이유는 아이쿱생협이라는 구체적 사례를 통해 소비자 협동조합이라는 일반 개념의 특징을 학생들 스스로 집단적으로 도출 하는 과정을 경험하게 하기 위해서이다. 특히 학생들이 발표한 내용을 강사가 칠판에 정리할 때 비슷한 키워드를 가까이 적고 다른 키워 드는 멀리 적음으로써 그룹핑을 했는데, 이를 통해 학생들이 일반화된 개념을 도출하는 과정을 시각적으로 볼 수 있도록 하였다. 빙고게임에서 나온 키워드를 정리할 때와 마찬가지 원리이다.

이렇게 지난 탐방에 대한 리뷰를 하는 수업으로 1교시를 마치고 2교시는 강사가 소비자협동조합의 성공 요인에 대한 강의를 진행하였다. 아이쿱생협만이 아니라 다양한 소비자협동조합의 성공 및 실패 사례를 소개하는 방식으로 진행했다. 1교시에 자신들의 언어로 정리된 내용을 더 넓은 차원의 다양한 사례에 대한 강의를 통해서 서로 연결해볼 수 있게 하는 것이 의도이다. 1교시의 과정이 없으면 그냥 먼 나라 이야기일 뿐인 성공과 실패 사례들에 좀 더 다가가게 하기 위함이다. 특히 강의 중간에 학생들의 관여도를 높이기 위해서 팀 프로젝트와 연관해서 생각해볼 수 있도록 유도했다. 이것이 "팀 프로젝트는 어떻게 보면 대학생협에 협동조합의 성공 요인을 적용해보는 과정일 수 있습니다. 이 강의를 통해서 그 방안을 모색해보면 좋겠습니다"라고 안내한 이유이다.

노동자협동조합 탐방과 이어지는 노동자협동조합에 대한 수업도 이와 같은 원리로 진행되었다. 다만 소비자가 중심 조합원인 소비자협동조합과 마을공동체 탐방이 대학생협의 원리를 더 잘 이해할 수 있게 해주는 것을 목적으로 한다면, 노동자협동조합에 대한 수업은 다른 목적으로 진행된다. 노동자협동조합 탐방 이후 수업을 할 때는 함께 일하는 것에 대해 많이 생각해볼 수 있도록 하는 것을 목적으로 하였다. 이는 팀 프로젝트를 하는 자세와 태도에 대한 경험과 연결이 되는 것이다. 깊이 있게 다루지는 않았지만 참여와 무임승차와 관련된 사례도 살펴보았다.

협동 프로젝트 진행

학습 목표

- 협동조합을 지식과 정보로서가 아니라 실제 경험으로 체화하도록 한다.
- 내 주변의 문제, 대학 내의 협동조합과 관련한 문제를 발견하는 경험을 쌓는다.
- 다른 조원들과 함께 발견한 문제를 해결하거나 창조 개발하는 경험을 쌓는다.

팀 프로젝트에 대한 안내는 수업 첫날 오리엔테이션에서 진행하고 강의계획서에 구체적으로 작성하여 학생들이 가지고 있게 하였다. 주제 선정에 좀 더 쉽게 다가가기 위해서 다음 세 가지 중에서 선택하도록 안내하였다. 이렇게 세 가지 범주를 제시한 이유는 학생들이 자신의 필요를 좀 더 쉽게 파악할 수 있는 공간을 생각할 수 있도록 하기 위한 것이었다. 즉 가장 가까운 경희대생협에서 생각을 해보고, 그 뒤에 꼭 협동조합이 아니더라도 내 주변의 문제로부터 시작해서 협동 방식으로 풀 수 있는 것 중에서 자신의 필요를 생각해보고, 마지막으로 관심 있는 외부의 협동조합을 고민해볼 수 있도록 했다. 필요의 지점을 생각해봄으로써 주제를 선정하는 데 좀 더 쉽게 다가갈 수 있기를 바랐다.

이렇게 위의 세 가지 주제들의 범주가 반드시 분리되는 것은 아니다. 예컨대, 두 번째(대학)나 세 번째(외부 협동조합) 범주로 시작한 경우에도 경희대생협과 연계해서 사업을 풀어가는 경우가 있을 수 있다.

팀 프로젝트 주제 선정의 범주

① 경희대 생활협동조합의 활성화를 위해 학생 조합원으로서 할 수 있는 작은 사업을 기획·실행하고 그에 대한 현장의 피드백을 반영한 결과 보고서 작성하기
② 자신 주변의 문제, 내가 속한 학교의 문제, 그리고 지역의 필요를 협동을 통해 풀어갈 수 있는 작은 사업을 기획·실행하고 그에 대한 현장의 피드백을 반영한 결과 보고서 작성하기
③ 다른 관심 있는 협동조합의 사업에 실질적으로 도움이 될 수 있는 작은 사업을 기획·실행하고 그에 대한 현장의 피드백을 반영한 결과 보고서 작성하기

예컨대 세 번째 주제로 외부의 협동조합을 현장으로 정한 경우에도 구체적인 사업 내용으로 그 협동조합의 상품을 홍보하기 위해 경희대학교 대동제 기간의 생협한마당 날에 부스를 하나 맡아서 홍보활동을 하는 식의 프로젝트가 그 사례라고 할 수 있다. 다만 이렇게 현장을 제시하는 것은 주제를 고민할 수 있는 시작점을 준다는 데서 의미가 있다. 실제로 아래에서 살펴보겠지만 주제는 대부분 어떤 식으로든 경희대생협과 연계점이 있는 방식으로 최종 결정되는 경우가 많았다.

주제를 선정하는 과정은 액션러닝Action Learning에서 흔히 말하는 좋은 주제의 조건을 안내하며 이를 적용하도록 하였다. 먼저 주제를 정할 때 세 가지 조건을 충족시켜야 한다고 안내했다.

첫째, 중요성이다. 본인에게 의미 있고 협동조합에게 중요한 것을 고르도록 했다. 본인에게 의미 있다는 것은 본인의 관심사, 진로, 전공 등을 반영하도록 하는 것이다. 이는 학생들이 창업을 할 때는 물론이

고 일반 기업에 취업을 원하는 경우에도 충분히 연결시킬 수 있다. 협동조합은 기업의 한 형태로 일반 기업에서 진행되는 여러 가지 업무들이 협동조합에서도 이루어지기 때문이다. 나는 학생들 특성에 따라서 동기부여를 위한 이야기들을 추가로 설명하기도 한다. 예컨대 "자신에게 중요한 주제를 정하세요. 예컨대 자신이 언론정보학과라면 홍보와 관련해서 대학에서 이러이러한 변화를 만들어냈다고 이력서에 당당하게 한 줄 쓸 수 있을 만한 프로젝트를 정하는 것도 좋습니다"라고 말하기도 한다. 그리고 자신에게만이 아니라 협동조합에게도 중요한 주제라는 것은 자신이 현장으로 정한 협동조합에 필요한 과제여야 한다는 것이다. 이는 자연스럽게 다음 조건과 연결된다.

둘째, 실제성이다. 실제 문제를 해결하는 데 도움이 되는 주제를 선택하도록 했다. 예컨대 경희대생협을 현장으로 한다면 경희대생협에 실제 도움이 되는 주제를 정해야 한다. 따라서 주제 선정과정에서 클라이언트를 물색하고 간략한 인터뷰를 해보는 것이 주제를 선정하는 데 도움이 된다. 이를 위해서 주제 선정 과정에 적극적으로 개입해서 생협의 관련 사업의 담당자를 소개해주기도 한다. 그리고 사전에 경희대생협의 학생활동가나 조직사업 관련 담당자에게 문의해서 현 시점에서 학생들이 참여해줬으면 하는 사업이 어떤 것이 있는지 물어보고 이를 정리해서 학생들에게 예시로 주기도 했다. 학생들의 이러한 범주를 참고해서 과제를 정하기도 하였다. 예컨대 경희대생협에서 매년 있는 생협문화데이라는 것이 있는데, 이는 대학 축제 기간에 하루를 생협문화데이로 정하고 여러 가지 부스를 도입해서 다양한 생활문화사업을 하는 것이다. 학생들은 누구나 생협에 신청을 하면 선정 과정을 거쳐서 하나의 부스를 맡아서 진행할 수 있다. 경희대생협의 사무국이나 학생위원들이 이 같은 안내를 해주면 수업을 듣는 학생들은 자신의 프로젝트의 실행 장소와 시간을 정할 때 이러한 일정을 적극 고려할 수 있게 된다.

셋째, 구체적인 결과물이다. 아주 작더라도 구체적인 결과물이 있도록 했다. 예를 들어 '경희대생협의 문제점을 분석 후 개선 방안을 제시한다'는 주제보다는 위의 조건을 갖출 수 있도록 수정하여 '경희대생협의 온라인 홍보 개선을 위해 카드 섹션 광고를 제작한다'로 바꾸는 것이 좀 더 실제적이고 좋은 과제라고 안내했다. 즉 한 학기 동안 구체적인 결과를 낼 수 있는 작은 프로젝트를 정할 것을 권했다.

이렇게 해서 도출된 주제의 사례를 보면 다음과 같다. 수업의 SNS 게시판을 이어지는 수업에도 계속해서 사용하였으므로 학생들의 과

팀 프로젝트 주제 사례(2016년 2학기)

- 생협 신선식품 이용 불편(조기 품절) 개선 사업
- 학생식당과 학생카페 연계 및 매출 방안
- 대학 내 신규로 입점한 지역 생협 매장 홍보
- 생협 채식 메뉴의 활성화
- 유학생 대상 생협 홍보 및 맞춤 사업
- 신입생 대상 드라마형 홍보 비디오 제작
- 서점 차액 환불 및 교환제도 개선
- 대학 내 신규 건물에 생협 입점 관련 의식 조사 및 홍보
- 생협 홍보 카드뉴스 제작
- 생협문화데이 생활문화사업(생협 약방)
- 생협학생위원회 회식 세팅

거 수업의 과제들도 참고하여 한 발짝 나아간 주제를 정할 수 있도록 했다.

구체적으로 프로젝트를 진행할 때는 다음과 같은 과정으로 진행한다. 주제의 성격이 문제해결형 과제인지 혹은 창조개발형 과제인지에 따라서 진행 과정은 다소 차이가 있을 수 있다. 일반적으로 액션러닝에서 문제해결형 과제란 현재의 상태를 개선하여 바람직한 상태로 만드는 것에 초점을 맞추는 과제라면, 창조개발형 과제는 어떤 결과물을 창조하고 개발하는 것에 초점을 둔 과제이다(장경원·고수일, 2014). 창조개발형 과제는 문제의 원인과 해결 방안이 대략적으로 나와 있는 상태에서 구체적인 결과물을 만들어내는 것에 초점을 둔 경우라고 할 수 있다. 예를 들어 '경희대생협의 신선식품이 조기 품절되는 문제'에 관하여 개선 방안을 찾고자 하는 프로젝트는 전자의 사례이다. 반면에 이미 경희대생협에 관하여 신입생 대상 홍보가 부족하며 새터를 활용한 홍보가 필요하다는 방향을 인지한 상태에서 '신입생 대상 신선한 드라마형 홍보물을 제작'하는 것은 후자의 사례이다.

프로젝트의 진행과정

	문제해결형 과제	창조/개발형 과제	수업 시간 발표
1단계	주제의 명확화	과제의 명확화	과제기술문 발표 (실제성 점검)
2단계	현황 조사 결과 공유, 원인 분석, 해결안 가설 도출 실행 계획 도출	정보 수집 결과 공유, 아이디어 구상, 초안 개발	실행 계획 점검 (타당성 점검)
3단계	실행		
4단계	평가 및 성찰	평가 및 성찰	실행 결과 발표

1단계는 과제의 명확화 단계이다. 이는 팀이 구성된 직후 시작되지만 공식적인 회의는 4차시 수업 시간에 주어졌고, 모임을 하고 난 직후인 5차시에 과제기술문을 발표하게 했다. 과제기술문에는 다음과 같은 내용을 가능한 포함하되 자유롭게 구성하도록 했다. 다음은 그 양식이다.

과제기술문 양식

- 팀 이름
- 팀 구성원
- 과제명
- 과제 선정 배경 및 목적
- 도출할 결과물(실행 사업/창조물)
- 실행/창조 후 목적 달성 여부를 확인할 수 있는 지표
- 이 과제를 위해 현재까지 알고 있는 것
- 추가로 알아야 될 것
- 일정 계획
- 역할 분담

*옵션-추가 사항
- 조사 시(인터뷰) 준비 양식
- 인터뷰 일시, 장소, 대상
- 인터뷰 목적
- 질문을 통해 얻고자 하는 정보 1, 2, 3.
- 해당 질문 1, 2, 3.

다음은 이러한 양식에 따라 학생들이 작성한 과제기술문 사례를 옮겨온 것이나. 과세기술분은 발표일을 외부 탐방 선으로 삽은 성우는

기술문이 좀 더 간단했고, 외부 탐방이 이루어진 이후로 잡은 경우는 좀 더 꼼꼼하게 작성되기도 하였다.

과제기술문 사례 1

주제 자취생 대상 과일 공동구매 사업

배경 과일 섭취 수요가 많지만 높은 가격, 보관의 불편함 등의 제약으로 자취생과 기숙사생의 과일 섭취가 잘 이루어지지 않고 있다.

목적 자취생과 기숙사생이 조금 더 저렴하고 편하게 과일을 제공받을 수 있게 하고자 함.

도출할 결과물 과일을 저렴하게 구입하고자 하는 학생들을 최대한 많이 모아 최저가로 과일을 구입할 수 있는 환경을 만들어주는 지속적 프로젝트 구성.

목적 달성 확인 지표 이용 학생 수

이 과제를 위해 현재까지 알고 있는 것 과일 직거래 시장이 다수 형성되어 있으며 대중들의 흠과, 작은 과일에 대한 수요가 많다.

Mission 1. 다수의 수요자 확보, 2. 과일 배분 방식 강구

추가로 알아야 될 것 과일 공동구매 주기, 가격, 냉장시설 확보, 어떤 과일 구입할지

일정 계획 생협 학생위원과 생협 사무국과의 미팅, 4월 내 1차 과일 공동구매 시행

과제기술문 사례 2

과제명 채식 메뉴의 활성화

팀명 베지터스

과제 선정 배경:

1. 채식에 대한 수요 증가
- 육류 소비의 증가에 따른 채식의 필요성
- 건강에 대한 관심
- 비인도적인 사육과 도축에 대한 반발
- 기타 종교적 이유
   ⇨ 사회가 다원화되어감에 따라 여러 가지 이유로 인하여 다양
      한 식습관이 생겨남

2. 학생식당 내 채식 식단의 미흡
- 간혹 채식 메뉴가 있으나 맛이 없다는 평가
- 고정적이지 않은 메뉴
- Halal 또는 No pork 마크는 있지만 채식 마크는 없음

3. 채식에 대한 편견
- 채식은 맛이 없다?
   ⇨ 다양하고 맛있는 채식 메뉴가 해외에서 인기를 끌고 있다.
- 채식 식단은 성공하기 어렵다?
   ⇨ 서울대, 동국대에서 채식이 자리 잡은 사례
- 채식은 채소만 먹는 것이다?
   ⇨ 달걀, 유제품, 해산물 등 섭취 여부에 따라 여러 단계의 채식
      주의자가 존재

목적 및 도출할 결과물

1. 단순히 채식 식단을 확립하는 것이 아닌, 맛있는 채식을 위한 아이디어 확보
2. 채식은 맛이 없다는 편견 타파
3. 식단에 채식 마크 추가 등의 시스템 개선

일정 계획

1. 설문조사를 통한 수요 조사 및 선호도 조사
2. 채식주의자 인터뷰
3. 서울대, 동국대 채식 식단의 성공 요인 조사
4. 메뉴 선정 및 홍보 방안 논의

주제의 명확화 단계에서 여러 가지 측면에서 의견 교류가 이루어지도록 했다. 첫째로 가장 중요하게 경희대생협 관계자(생협 직원, 교수임원, 학생위원)를 과제기술문 발표일이나 준비모임에 초대해서 과제가 생협 입장에서 실제성을 갖는지 코멘트를 부탁했다. 지난 학기는 학생위원장 1인이 사전 준비 모임 때, 생협 직원 2인이 과제기술문 발표일에 참여했다. 몇몇 팀은 과제기술문 발표 전에 사전에 생협 직원을 따로 찾아가서 미팅을 진행한 경우도 있었지만 그렇지 않은 팀도 빠짐없이 생협 관계자의 의견을 듣게 하기 위해서였다. 주제가 생협 입장에서도 실제성을 갖는지, 주제 관련하여 생협 입장에서 과거에 했던 시도나 현재 진행 중인 사업은 없는지, 있다면 어떤 방향으로 한 단계 나아가면 좋을지, 어떤 부분이 보완되면 좋을지 코멘트를 부탁했다.

생협 관계자 입장에서는 실제로 생협 사업의 자극이 되기 때문에 매우 적극적으로 참여해서 의견을 주었다. 나는 수업이 끝나고 생협

관계자들과 거의 매주 이야기할 시간을 갖는 편인데, 이때 생협 직원들의 경우는 이 수업이 사업에 좋은 인풋input이 된다고 평가하기도 했다. 경희대학교에는 시민교육이 필수교양으로 선정되어 있어서 학생들이 생협 사무국을 찾아오는 경우도 종종 있지만 협동조합 수업의 경우 좀 더 협동조합다운 접근을 한다는 점을 높이 사기도 했다. "이 수업으로 찾아오는 친구들은 시민교육 수업으로 찾아오는 친구들과는 또 달라서 좋아요. 무엇을 해달라고 요구만 하는 것이 아니라 실제 함께 진행할 수 있는 사업을 가지고 오니까." 이는 사실 운동체로서 협동조합의 독특한 성격이기도 하다. 조합원들은 직원에게 특정 사업의 실행을 요구하고 감독하는 것만이 아니라 실제 실행하고 지원하는 역할을 한다. 이것이 생협 경쟁력의 원천이기도 하다. 이러한 내용을 소비자협동조합의 성공 요인과 관련하여 익힌 학생들이 주제에 대하여 접근하는 방식이 다른 것을 알 수 있다.

둘째로 수업 시간에 학생들 간에 조언이 이루어질 수 있도록 했다. 조언쪽지를 활용해서 모든 학생이 팀별 발표 내용을 듣고 각 팀 프로젝트 주제의 강점, 궁금한 점, 기타 조언을 적어서 내도록 하였다. 전체 수업에 5명씩 6개의 팀으로 구성된 30명 수업이라면 한 팀당 자기 팀원을 제외한 나머지 25명의 조언쪽지를 받게 되는 셈이다. 아래는 2016년 1학기 수업에서 생협 어플 개발안을 제시하기로 한 프로젝트에 대한 과제기술문 발표를 듣고 수업 구성원들이 제출한 조언쪽지이다. 모바일 앱에 포함될 내용부터 플랫폼에 이르기까지 다양한 조언이 포함되어 있음을 알 수 있다. 수업이 끝난 이후에는 이 쪽지를 모아서 해당 팀에게 주면서 프로젝트의 방향을 사발식으로 보완할 수

조언 쪽지
발표조 (박 한정과 아행)조
프로젝트주제의 강점/궁금한점/기타조언을 적어주세요

조언 쪽지
발표조 (행복한 005)조
프로젝트주제의 강점/궁금한점/기타조언을 적어주세요

조언 쪽지
발표조 (반짝이는 아이들)조
프로젝트주제의 강점/궁금한점/기타조언을 적어주세요

조언 쪽지
발표조 (반짝이는 아이들)조
프로젝트주제의 강점/궁금한점/기타조언을 적어주세요

있도록 했다.

2단계는 실행 계획(문제해결형 과제)이나 창작물 초안(창조개발형 과제) 개발을 위한 단계이다. 이는 과제기술문 발표 직후 6차시부터 현장실행 직전인 9차시까지이다. 기본적으로 탐방이 없는 날 수업 시간에는 팀별로 의논할 시간을 짧게나마 주고자 하지만 이것이 충분하지 않을 수 있음으로 9차시에는 50분 정도의 넉넉한 시간을 할애하여 점검하는 시간을 갖는 것이다. 물론 수업 시간만으로 부족하므로 학생들은 자체적으로 모임을 갖는 것이 일반적이었다. 주로 중간고사 직후에 모임을 갖고 9차시 실행 계획의 점검날에 조금 진전된 내용을 가져오도록 유도했다.

실행 계획 점검날에는 생협 관계자를 초대하지는 않고 교수자가 팀별로 돌아다니면서 진행 상황을 점검하였다. 실행 계획의 점검은 프로젝트 중간점검과도 같다. 학교 대동제 행사들을 활용하여 프로젝트 현장 실행을 하는 팀들이 많으므로 이에 대한 계획을 확인하고 피드백을 주었다. 준비물 등 생협 및 학교와 협조할 사항이 있으면 이를 추가로 연결해주기도 하는데, 1단계에서 이미 관련자들의 컨택 포인트를 알게 되는 경우가 많기 때문에 다시 한 번 확인하는 정도라고 할 수 있다. 다만 팀에 따라서 과제기술문 발표날 코멘트에 따라 주제가 상당한 정도로 변경된 팀들의 경우에는 과제기술문 점검과 같은 과정을 압축적으로 함께 진행하기도 한다.

3단계는 실행 단계이다. 시기는 10차시에 13차시까지 다양할 수 있다. 그 이유는 프로젝트 성격에 따라 시행 시기를 달리해야 하기 때문이다. 예를 들어 앞서 축제 기간에 실행하는 팀이라면 학교 축제에 맞춰야 하고, 매장을 이용한 프로젝트의 경우에는 매장이 시간을 낼 수 있는 시기를 택해야 하기 때문이다. 실행 단계에서는 성찰을 적고 사진 등 관련 자료를 확보하도록 안내한다. 이는 팀별로 이루어지므로 교수자가 특별히 신경 쓸 것은 없다. 생협문화데이 같이 같은 날일 경우 수업을 현장에서 대신하는 것도 가능한데, 보통은 팀별로 최적의 실행일이 다름으로 현장 수업을 하지 않고 팀별로 별도의 실행일을 정하도록 하는 것이 일반적이었다.

특히 모임을 한 날은 모임 결과를 수업 SNS 페이지에 올리도록 했다. 이 과제는 학생들을 힘들게 하기 위한 것이 아니라, 사업 진행을 위해서는 기록이 중요하기 때문이라고 안내했다. 다음 수업이나 미팅에서 기존에 진행된 내용을 잊지 않을 수 있을 정도로 논의된 내용을 간략하게 정리하면 된다는 취지로 설명했다. 그리고 기록과 발표를 위

신입생 대상 새터 홍보물(단편영화 방식)의 한 장면. 학생들이 직접 연기하고 있음

채식 활성화 프로젝트와 관련하여 채식 마크를 개발, 설명하고 있는 장면

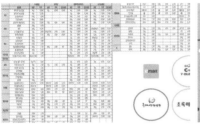
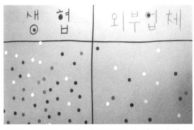

경희대 두레생협매장 관련 인근 사업체와의 가격 비교 및 홍보 프로젝트

신규 건물에 생협 입점을 위한 설문과 홍보 활동 관련 캠페인

생활문화사업으로서 생협문화데이에 진행한 생협 약방 프로젝트

해 사진을 적극 활용할 것을 권장했다. 이는 어떤 내용이 논의됐는지 다른 사람이 기록을 보고 흐름을 알 수 있도록 하는 데 효율적인 방법이기 때문이다.

4단계는 평가 및 성찰 단계로 14차시의 최종 결과 발표로 마무리된다. 종강일 전 주에 결과 발표를 함으로써 학생들이 기말 과제에 너무 기운이 빠지기 전에 팀별 결과 발표를 할 수 있게 하였다. 결과 발표 때는 생협의 중요 의사결정자(예컨대 이사장과 상임이사)를 초대하였고 이를 학생들에게 미리 공지하였다. 학생들이 한 학기 동안 수행한 결과가 실제 생협 사업에 연속적인 사업으로 반영될 수 있도록 하기 위함이다. 이때는 학생들의 조언 쪽지를 받지는 않지만 상대팀에게 적극적으로 질문하도록 유도하였고, 특히 생협 중요 의사결정자가 팀별 주제에 대해서 코멘트하고 방학 중 생협의 사업에 대해서 홍보할 기회도 주었다. 발표 시간은 팀별로 7분 정도로 하고 질의 응답 시간을 충분히 가졌다.

이렇게 해서 학생들에게 탐방 소감문과 프로젝트 과제를 종합하고, 개인별 소감을 덧붙여서 포트폴리오 방식으로 개인별로 학기말에 제출하도록 안내한다. 특별한 양식에 구애받지 않고 개인적으로 기존의 활동을 종합하여 취업(혹은 창업)이나 해외 챌린지(혹은 기타 공모사업) 도전 시에 하나의 포트폴리오가 될 수 있도록 자신에게 유용한 양식으로 정리할 것을 권하였다. 그럼에도 특별한 개인적 목적이 없는 학생들의 경우 혼란스러워하기도 하였기에 양식을 제시하기도 하였다. 나는 팀별 결과 보고서 외에 학생들에게 추가적인 부담을 주고 싶지 않았기 때문에 지금까지 수업에서 제출했던 교실 수업 직후의 평가문, 4번의 탐방 직후의 탐방 소감문, 그리고 프로젝트 진행 과정에서 개인적인 성찰과 평가, 그리고 전체 수업 소감 및 제안을 묶어서 내도록 했다. 이러한 과제의 목적은 한 학기 수업을 학생들이 스스로 돌아보게 하는 것 이상도 이하도 아니다. 성적은 Pass/Fail로 이루어졌기 때문에 지금까지의 과정에 참여한 학생은 모두 Pass를 주었다. Fail의 주된 요인은 결석이었다.

3. 수업의 효과

협동조합과 나와의 연계 고리

"협동조합" 하면 많은 대학생들은 생소하고 어렵고 재미없게 느낀다. 어떤 친구는 "협동농장인가요?"라고 되묻기도 한다. 어느 정도 협동조합을 들어본 친구들도 농협 정도 이야기를 한다.

이 수업의 목표 중 하나는 협동조합을 보다 친근하게 느끼고, 협동조합과 자신의 연계 고리를 파악하는 데 있었다.

학생들이 자기소개를 할 때 나오는 키워드들 촉발제로 삼아 학생들에게 협동조합 및 이후 수업과 관련하여 자기와 개인적으로 연결시킬수 있도록 코멘트하는 것은 그러한 이유 때문이었다. 예컨대, "저를 표현하는 동물은 보시다시피 고릴라고요(웃음), 제가 일본에서 오래 살아서 여기서 새로운 친구를 많이 사귀고 싶고, 이 수업을 통해서 뭐라도 좀 얻어 가고 싶습니다"라고 말한 친구가 있었다.

이에 대해 나는 일본이라는 키워드를 가지고 우리가 수업 시간에 배울 협동조합에 대한 관심으로 연결시키는 코멘트를 했다. "일본에는 소비자협동조합이 많이 발달되어 있어요. 1980년대 한국 생협이 초창기 시작될 때 일본의 생협을 모델로 하고 많이 배우기도 했구요. 지금 한국의 생협은 일본의 모델을 따라가기보다는 또 하나의 독창적인 모델을 보여주고 있어서 세계협동조합운동에서도 흥미로운 사례라고 할 수 있습니다. 3주 후에 생협에서 특강을 오시니 그때 관심 있게 보면 좋겠습니다."

또 다른 예로 원주에서 군대생활을 했다는 친구가 있으면 원주지역의 협동조합 생태계 사례를 언급하기도 했다. 우버택시를 언급한 친구에게는 운송업 분야가 노동자협동조합이 많은 분야라는 이야기를 해주면서 한국의 쿱택시를 타본 친구가 혹시 있는지 물어보기도 했다.

학습자가 시작한 발화는 교수자가 시작한 발화보다 학생들의 주의를 훨씬 더 끄는 힘이 있다. 그것은 강의라는 방식보다 대화에 가까운 방식이기 때문이기도 하고, 발화를 시작한 그 학생만이 아니라 함께 듣고 있는 친구들에게도 수업의 내용을 개인화시키기에 유리하다.

또한 학생들이 스스로의 언어로 협동조합을 얘기하고 생각할 수 있도록 한 것도 그러한 이유이다. 예를 들어 앞의 '우리협동조합 빙고게임'의 경우 생소하거나 애매한 단어가 나왔을 때 팀끼리는 서로 경쟁적으로 설명하면서 몰입하도록 유도했다. 예컨대, '생협장학금'이라고 부른 친구가 있었는데 '근로장학금'이라고 적은 조에서 우리도 지워도 되는 것이 아닌가 하고 질문하면, 먼저 조가 생협장학금에는 근로장학금 외에도 소득 수준에 따른 장학금 등 다른 종류들이 있다고 부연설명을 하는 식이다. '옷장을 열면'이라는 단어가 나왔을 때 다른 조에서 '프리마켓'도 지워야 되는 것 아니냐고 이야기하면 앞의 학생이 '옷장을 열면'은 식당 옆에 학생 프로젝트로 하는 상시적은 녹색가게이고, '프리마켓'은 대동제 등에 비정기적으로 하는 이벤트라고 반론한다.

물론 너무 과열되지 않도록 "너무 엄격하게 하지 말고 너그럽게 하자"라고 눙치고 그러면서 서로서로 많이 지우는 방향으로 타협을 보기도 한다. 이러한 과정을 통해 학생들은 생협의 구체적인 다양한 사업들을 알게 되는 동시에 자신의 언어로 협동조합을 이해하게 된다.

이 과정에서 나는 칠판에 기록하는 역할을 했고, 내가 설명을 하거나 결론을 내리기보다 지속적으로 학생들에게 질문을 던져 학생들 스스로 묻고 답하게 했다. 학생들의 발화는 가능한 교수자인 나를 향해서가 아니라 서로를 향해서 이루어지도록 했다. 나는 학생들이 단어를 부르는 순서대로 칠판에 적고 그 옆에 그 단어를 쓴 팀의 숫자를 기록했다. 비슷한 단어로 결론이 난 단어도 같이 적었고, 비슷하지만 다른 개념으로 결론이 난 단어도 적었다. 나는 기록자와 촉진자 역할만 했다. 중간중간 "이 단어 의미 모르는 사람 손들어봐요. 어? 이 학생들이 모르네. 단어 부른 사람 설명 부탁해요." "이 단어가 왜 같은 뜻이 아닌지 설명해주세요." "다들 동의하나요? 동의하기 힘든 사람 손들어보세요." 하는 방식으로 학생들의 발화를 촉진했다.

그리고 수업 과정에서 요구한 것이 아닌데도 협동조합이나 사회적 경제와 관련된 외부 워크숍이나 지역 행사에 참가하는 학생들이 생겨났다. 예컨대, 아이쿱생협에서 구례에 조성한 클러스터 단지에서 청년 대상 투어 프로그램을 진행했었는데, 이것을 수업 페이지에 홍보했더니 시험 기간 중인데도 시간을 내서 참여하는 학생들이 있었다. "더 알고 싶었는데, 정말 너무 좋은 경험이었어요"라는 문자를 보내왔다. 대학생협에서 하는 사업은 물론 말할 것도 없다. 수업과 별개로 경희대생협이 기존에 해오던 학생 참여 프로젝트에 학생들이 참여하고 나서 알려오기도 한다. 또 다른 학생은 경희대생협에서 하는 연탄 나눔 행사에 수업과 별도로 신청해서 참여하고 인형을 기부했다. 혹은 자기 지역에 있는 사회적경제조직이 하는 행사를 알게 되고 참여하게 되기도 한다. 성미산마을을 탐방하고 난 이후에 "마포구에서 계속 살았는데 성미산마을의 존재를 몰랐어요"라고 말한 학생은 나중에 성미산 마을극장에서 하는 연극에 관심을 보였다.

이는 당연히 자기 전공 및 진로에 대한 탐색과도 연결된다. 지역 연계 팀 프로젝트에 특히 열심이었고 이 수업을 "대학 생활 중에 가장 나에게 많은 것을 준 수업"이었다고 평가했던 학생은 최근에 신협에 취업하기 위해 준비 중이라는 소식을 전해왔다. 또 다른 학생은 수업 이후에 학생위원회에 참여하고 동대문구의 봉제협동조합으로부터 학생점포를 기획·제작하여 공동구매를 성공시켰는데, "저는 무역학과인데, 제가 학부 때 천 명 넘는 학생들에게 점퍼를 판매하는 사업을 기획하고 점퍼 디자인에 관여하고 홍보에 참여했다는 것은 저한테 큰 자랑거리고 좋은 경력이라고 생각해요"라고 자신의 활동가 경험을 설명했다.

협동 경험 촉진

앞서 3장에서도 얘기했듯이 많은 대학생들이 '조별 과제 잔혹사'

의 경험을 갖고 있다. 조별 프로젝트를 생각하면 머리가 지끈거린다는 친구들도 많다. 그래서 협동에 대한 경험이 잘 이뤄질 수 있도록 세심한 세팅과 다양한 노력이 필요하다. 이는 아직 현재 진행형의 고민인데 6학기의 수업을 진행하면서 정리한 내용을 공유하면 다음과 같다.

수업 시간에 희망 조원을 임시로 구성해서 적어 내게 하는 시간은 수업 마지막에 5분 정도면 충분하지만, 이후 연구실에 돌아와서 팀을 완성하는 데 많은 시간을 들였다. 팀 구성과 관련해서는 매번 여러 가지 실험을 해보고 있지만 여전히 어떤 방법이 가장 이상적인지 확언할 수는 없다. 더군다나 서로 비슷한 친구들끼리 팀을 구성할지 서로 다른 친구들끼리 팀을 구성할지, 교수자가 주도적으로 팀을 구성할지, 학생들이 자율적으로 팀을 구성하게 할지 등이 교육 성취에 어떻게 영향을 줄지에 대해 다양한 의견이 존재한다. 팀 구성에서 가장 중요한 것은 그 수업이 처한 상황이나 맥락에 맞추어 가장 적합한 방식을 찾는 것이다. 이 수업의 상황에서 몇 번의 실험을 통해 현재까지 도출한 몇 가지 가이드라인은 다음과 같다.

첫째는, 본인들의 의사를 최대한 존중한다는 점이다. 사실 팀 프로젝트와 관련한 선행 연구나 실험이 꼭 본인 의사를 중요시 여기도록 강조하지는 않는다. 한국에도 도입된 몬드라곤 팀 아카데미MTA 처럼 구성원들의 특징을 면밀히 관찰하여 교수자가 최상의 아웃풋을 낼 수 있는 시너지가 발생하도록 팀을 구성하는 원칙을 가지고 있는 경우도 많다. 하지만 전공수업도 아니고 교양수업으로, 협동조합에 대한 관심보다는 학점을 쉽게 받기 위해서 신청한 학생들도 많다. 성적을 동기로 삼아서 학생들의 참여를 이끌어내기 힘든 Pass/Fail 학점 구조를 가진 수업 환경에서 그러한 방식은 동기화를 끌어내는 데 약점이 되었다. 개인 동기화가 다양한 상황에서 누군가 짜준 것이 아니라 "본인이 주도적으로 선택했다"라는 것은 자발성을 최대한 끌어내기에 가장 기본이다.

둘째로, 그럼에도 동일 학과로 구성하기보다 다양한 성향과 학과의 친구들이 섞이는 것이 좋았다. 물론 절대적인 것은 아니다. 같은 학과 학생들이 시간 맞추기도 싶고 이미 형성된 라포도 있기 때문에 이러한 교양수업에서 팀 성과를 높이는 데 아주 장애가 되지는 않는다. 본인 의사를 존중하는 선에서 되도록 다양한 전공과 학번을 섞고자 했다.

셋째로, 관심 주제는 물론 프로젝트에 대한 열의나 시간을 낼 수 있는 정도로 고려했다. 관심 주제를 고려하는 것은 당연하고, 여기에 덧붙여 프로젝트에 대한 열의도 고려했다. 팀 구성을 할 때 열의를 고려해서 열의가 많은 친구와 부족한 친구를 섞어서 배치하고자 하는 경우도 많지만 나는 비슷한 기대 수준을 가진 친구들이 함께하는 것도 나쁘지 않다는 생각이 들었다. 나는 자기소개 때는 분위기 조성을 위해서 그런 언급을 하지는 않지만 팀 구성을 위해서 마지막 5분을 준 상황에서 마지막 단계에서는 "빡세지 않고 적당히 했으면 좋겠다는 것도 하나의 희망사항이 될 수 있으니 그것을 고려하여 팀원을 구성해도 좋다"고 언급하기도 한다. 어차피 팀 성적으로 평가하지 않는 수업이므로 좋은 팀 프로젝트의 결과물은 온전히 자기들의 것이다. 자기가 투여하고자 하는 열의를 자기가 조절할 수 있다는 것을 암시하는 것도 자발성을 끌어내기에 나쁘지 않은 선택이었던 것 같다.

다음으로 팀 프로젝트 진행과정에서 학생들의 협동이 잘 이루어지게 하려면 무임승차를 줄이는 것이 중요하다. 팀 내 무임승차 이슈가 생기는 경우 학생들의 만족도는 떨어진다. 학생들이 팀원 평가 및 개인 성찰을 한 내용을 보면, 구성원들이 골고루 참여한 팀이 훨씬 더 팀 분위기도 좋고, 프로젝트 완성도와 수업 만족도가 좋다.

무임승차 방지에 아주 큰 노력이 필요한 것은 아니다. 무임승차를 줄이기 위해 가장 효과적인 것은 교수자가 자주 팀 진도를 챙기는 것이다. 격주에 한 번 정도는 팀원들과 짧은 대화를 통해 팀별 진행 상황을 챙기고 다음에 진행되어야 할 일이 무엇인지 도울 것은 없는지 물어보는 것이다. 그리고 수업 시간에 팀 간에 잠깐이라도 회의할 수 있는 시간을 주는 것이 필요하다. 이러한 중간점검만 잘해도 팀원들이 밀리지 않고 프로젝트 진도를 나갈 수 있게 된다. 내가 학기 중간중간에 팀 프로젝트 진도를 체크하지 못한 학기에는 확실히 학기말에 학생들이 몰려서 일을 하느라 누군가에게 일이 더 몰리는 경향이 생겼다. 자연히 상대적 무임승차가 일어나게 되고 팀 만족도도 떨어진다. 그리고 앞에서 말했듯이 팀을 잘 구성하는 것도 팀원들이 골고루 참여하게 하기 위해서 중요하다.

또한 팀원 간 평가제도를 활용하는 것도 나쁘지는 않다. 이 수업에서 처음 몇 학기 동안에는 팀원 간 평가제도는 따로 도입하지 않았는데, 내가 팀별 진도를 잘 챙기지 못했던 학기에 한 팀에서 무임승차가 이슈가 되었다. 한 학생이 지각과 결석이 잦았는데, 그 친구가 결석한 어느 날 다른 팀원들이 그 학생이 팀 활동에 진짜 참여하지 않고 가

톡방에서 대꾸도 하지 않는다며 고민을 나에게 이야기했다. 보통 학점을 쉽게 딸 줄 알고 이 수업을 신청한 학생들도 학기 초 팀워크가 잘 형성되면 부담 없이 재미있게 수업에 참여하는 편인데 이런 경우는 난감했다. 이때 처음으로 팀별 구성원 평가제도를 도입했다. 학생들에게 팀원 내부평가 설문지 항목을 미리 보여주며 학기말에 팀원 평가를 조사할 것이며 그 결과를 최종 Pass/Fail 결정에 반영하겠다고 언급하는 것이다. 물론 이렇게 벌칙의 존재를 알리는 방식보다는 교수자가 중간중간 진도를 잘 챙기고 동기화하는 방식이 훨씬 효과적이지만, 시간당 5만 원인 시간강사로서 시간을 많이 투자하기 힘든 상황에서 이러한 방식을 어쩔 수 없이 혼용하는 것도 괜찮다고 생각한다.

학생들이 최종 과제로 제출한 성찰 보고서나, 학기 끝나고 진행된 인터뷰, 그리고 대학 차원에서 실시한 강의 평가를 보면 학생들이 팀 프로젝트 결과를 어떻게 경험했는지 알 수 있다. 먼저 대부분의 대학과 마찬가지로 경희대도 강의에 대해 학생들이 평가할 수 있는 시스템을 갖추고 있다. 학생들의 익명성을 보장하고 강사가 강의 평가에 영향을 미치지 않게 하기 위해, 학교 차원에서 학기말 성적을 나가기 전에 학생들에게 강의를 평가하는 메일을 보내서 평가하게 하고, 강사는 학생에 대한 성적을 평가하고 나서 자신의 강의에 대한 학생들의 평가를 확인할 수 있게 되어 있다. 질문 문항은 수업 전체적 만족도, 수업에서의 과제 부여와 평가의 공정성, 수업의 효과성, 수업에서의 피드백 등 상호작용, 교수의 전문성, 다른 학생에게 추천 여부 등 총 8개의 항목에 대해서 5점 척도로 물어보는 질문으로 구성되어 있다. 이러한 8개 문항에 대한 각 학기 평균을 100점 환산했을 때 첫 학기부터

6번째 학기까지 점수는 평균 95점에서 평균 92점 사이에 분포되어 있었다. 특히 팀 활동에서의 스트레스와 관련된 질문인 "과제 부여와 평가의 공정성과 체계성"에 대한 질문이 포함된 5개 학기 평균을 냈을 때 평균 90점으로 학생들의 만족도가 높게 나왔다.

프로젝트를 통한 대학생협과의 연계

끝으로 이 수업을 통해 대학생협과의 연계성을 강화시키려 했다. 나에게 이 수업의 목적은 두 가지였다. 하나는 학생들의 배움과 성장이고 다른 하나는 대학생협 활성화이다. 전자는 학생들이 대학생협과 협동조합을 배움의 현장으로 삼아서 삶과 유리되지 않은 체험을 기반으로 학습을 할 수 있도록 하고 전공과 미래에 대해서 설계할 수 있도록 돕는 것이다. 후자는 이러한 수업이 대학생협에 조합원 참여를 활성화하는 수단이 될 수 있도록 하는 것이었다. 이 둘은 상호 연결되어 있으며 완전히 분리될 수 없는 것이기도 하다.

이러한 연계성은 자연스럽게 이뤄지지는 않았다. 수업 진행자의 여러 다양한 노력이 뒷받침되어야 한다. 나의 경우는 매주 수업 끝나고 한두 시간 정도는 대학생협 사무국 관계자나 임원과 소통하면서 다음 수업이나 대학생협 활동을 위해서 서로에게 필요한 사항을 교류하고 대화를 나누는 시간을 가졌다. 탐방 기획, 프로젝트 진행 등과 관련하여 조율 사항을 논의하고 수업만이 아니라 대학생협 조합원이나 학생 활동가들에게도 홍보될 수 있게 하는 방식을 논의한다든지 하는 작업이 이루어졌다.

예컨대, 강의 첫 주에 경희대 사무국 관계자와 학생위원회를 만났을 때는 "현재 경희대생협의 핵심 과제가 무엇이고, 협동조합 수업을 수강하는 학생들이 참여했으면 하는 과제가 있는지" 물었다. 그다음 주에 학생들을 만났을 때 생협사무국이나 학생위원회의 제안을 전달하며 학생들이 주제를 정하는 데 참고하도록 했다. 다음은 2016년 2학기 첫 수업 이후 생협학생위원과 생협사무국과 논의할 때 이들이 제안한 주제 예시이다. 나는 다음 수업에 학생들에게 이 내용을 소개하며 주제를 정할 때 참고하도록 안내했다. 물론 학생들은 여기에 갇히지 않고 자신에게 중요한 주제를 자유롭게 정하고 변경하는 것이 중요하다는 말을 덧붙였다.

▶ 생협학생위원회에서 수업에 문자로 제안한 주제 예시
• 생협 서포터즈 활동들을 통해서 스페이스21 관련 활동(스페이스21 관련 활동은 새로운 건물에 외부 매장이 들어올 경우가 있는데 그로 인한 대학 상업화를 우려하는 내용으로 보시면 됩니다).
• 생협학위에서 계획 중인 문화사업 참가(문화사업은 10월 중으로 예정되어 있고, 이벤트 및 조합원한마당 등의 형식으로 진행될 것으로 예상됩니다).

▶ 생협사무국에서 수업에 문자로 제안한 주제 예시
• 경희대생협에서 기존에 운영하고 있는 매장 외에 학내 구성원에게 어떤 매장이 만들어졌으면 하는지에 대한 조사, 연구, 의견 수렴 활동

- 새롭게 지어지는 학교 건물(행복기숙사, 스페이스21)에 매장 시설이 생긴다면, 경희대생협과 일반 외부 업체 중에 어떤 곳에서 운영하는 것이 구성원들에게 좋은지에 대한 조사, 연구, 의견 수렴, 홍보.
- 최근 개장한 두레생협을 학생들이 활용할 수 있는 방안에 대한 연구, 기획, 홍보(예를 들면, 식재료를 재조합하여 자취생 세트로 만들어 판매, 1인분 찌개, 반찬 재료 판매 등)
- 학생식당 공간 활용에 대한 연구 및 작은 사업의 기획 실행(식사 시간 외의 빈 공간 활용 등)
- 학생들에게 필요하고 개선되어야 할 각 매장(서점, 카페, 매점 등)의 서비스(예를 들면, 카페 새로운 메뉴, 서점 책 주문 서비스 등)에 대한 기획 및 의견 수렴
- 학생 안전, 주거비, 취업, 학생생활상담, 셔틀버스, 장학, 외국인 학생 알바, 교재비, 학생 창업 등 학내 이슈에 대한 협동조합적 이해와 대안 모색 및 관련하여 작은 사업의 기획, 실행(학위 워크숍 자료 참고)
- 대학생들이 지역에 있는 생협을 활용할 수 있는 방안(동대문 사회적경제 지도 참고)

이러한 작업은 경희대생협 차원에서 적극성과 협력이 있었기에 가능했다. 즉 대학생협 차원에서도 이러한 수업이 자신들의 활동에 도움이 되고 조합원 참여를 위해서 꼭 필요한 일이라는 인식이 있어야 한다. 이 책의 발간이 다른 대학생협에도 그러한 인식의 확대에 도움이 될 수 있기를 바란다. 다만 대학생협 차원에서 적극성이 있다고 하더라도 교수자가 전임교원이 아니라면 이러한 작업을 시간당 수업료만 받는 시간강사에게 요구하기는 힘들다. 따라서 다른 학교에서 이

러한 수업을 개설하게 된다면 전임교원이 할 것을 추천하고, 지역의 실천적 연구자가 시간강사로서 수업을 담당하게 되는 경우는 대학 내외의 다른 기금과 연계하여 자원을 확보하여 교수자가 지치지 않게 해야 한다.

이 수업의 중요한 효과는 한편으로는 대학생협을 현장으로 활용하여 학생들이 체험을 기반으로 학습할 수 있게 하는 것이고, 다른 한편으로는 이러한 수업을 통해 대학생협에 학생 참여가 활성화되게 하는 것이다.

실제 경희대의 경우 후마니타스 칼리지 협동조합 수업을 통해 대학생협에 관심을 갖는 조합원들이 생겨났다. 명맥이 끊긴 학생위원 활동이 다시 이어졌다. 한 학기 동안 경희대생협과 관련한 다양한 프로젝트들을 팀별로 수행하면서 학생들 스스로가 학교협동조합의 의미를 발견하고 참여할 수 있는 공간들을 열어갈 수 있었기 때문이다.

경희대생협 큐피트 모집 안내 포스터

수업 이후 경희대생협 학생위원도 늘어나고 다양한 활동이 펼쳐졌다. 2018년 4월에는 서울에서 가장 벚꽃이 아름다운 학교라는 특성에 맞춰서 미대에 다니는 학생 위원이 벚꽃 보틀을 디자인했다. 경희대생협의 벚꽃 굿즈 4종으로서 보틀, 파일, 마스킹테이프, 메모지가 판매되었다. 학교의 특성과도 맞고 예쁜 대학생협 제품이 인기 만발이다. 2017년 2학기에는 또 다른 생협 학생위원들이 동대문구의 점퍼를 취급하는 협동조합과 연계해 점퍼 공동구매를 해서 대박을 치기도 했다.

경희대의 특징을 잘 담아낸 학생위원이 디자인한 대학생협의 벚꽃 보틀 상품.

학생들의 아이디어는 때로는 부족한 부분도 있고 실행 과정에서 덜컹덜컹하기도 한다. 하지만 학생들의 수요를 누구보다 잘 반영할 수 있으며 이러한 활동을 통해서 학생위원들의 역량이 향상된다. 무엇보다도 이러한 활동이 잘 펼쳐질 수 있었던 것은 생협 사무국의 적극적인 참여가 있었기 때문이다.

시간이 지나면 더 많은 활동들이 꾸준히 펼쳐질 것이다. 전국 35개 대학생협에서 협동조합 수업이 개설되고 수강생 및 학생활동가와 생협 사무국이 연계된 활동들이 펼쳐진다면 어떠할까. 창업센터 못지않은 협동 교육의 효과가 클 것이다.

6장

앎과 삶을 연결하는 플랫폼, 캠퍼스 협동조합

1장에서는 대학과 대학생의 현주소를 살펴보면서 부정적인 측면과 함께 협동을 통한 비빌 언덕의 가능성을 모색하고자 했다. 2, 3, 4장에서는 국내외 다양한 캠퍼스 협동조합의 사례를 통해 협동조합을 통한 대학과 대학생의 변화의 희망을 발견하며 캠퍼스 협동조합의 가능성을 탐색해보았다. 5장에서는 실제 수업 사례를 통해 대학에서 협동조합을 함께 배우고 조원들과 함께 실천적 프로젝트를 해나가는 과정을 살펴봤다.

1장에서 우리가 던진 희망의 물음에 얼마만큼 답이 되었을지 모르겠다. "이렇게 하면 대학이 바뀔 수 있어요", "협동조합은 현재 대학의 문제를 해결하는 만능 통치약입니다"라는 이야기를 하고 싶었던 것은 아니다. 다만 자그마한 실천들을 함께 모색해봤으면 했다. 저자 4명의 공동 작업이지만 저자마다 생각이 조금씩 다르고 캠퍼스 협동조합을 바라보는 모습도 다르기 때문이다.

이번 장에서는 대학 '교육'에 초점을 두고 협동조합을 통해 그려갈 수 있는 대학 교육의 새로운 모습을 살펴보자.

1. 대학 교육의 현주소

자본주의에 압도된 대학 교육, '직업훈련소' 역할을 요구받다

최근 대학이 자본주의 경제 발전의 '도구'로 전락했다는 비판이 끊이지 않지만, 치열한 취업 경쟁이라는 사회 현실을 접하다 보면 대학의 존재 이유가 무엇인지 묻지 않을 수 없다. 혹자는 대학이 "주어진 시스템에 따라 반강제로 배정된 학생과 그 학부모들로부터 돈을 걷어 그것으로 학교를 운영하고, 교직원들의 생계를 해결하고, 갈 곳 없는 젊은이들에게 4년간의 체류 공간을 제공하는 데 그치는 순수한 소비 집단"이라고 혹평하기도 했다. 실제 자본의 경쟁력을 앞세운 대기업들은 대학 내 학생들의 생활 세계까지 깊숙이 침투해 있다. 사회 변화를 따라가기 급급한 대학은 총체적인 난맥상에 빠져 있는 상황이다. 대학의 경쟁력 제고를 수용하고 소위 '등급'을 올리는 일에 혈안이 되어 방향감각을 잃고 있다. 과연 대학의 사명mission은 무엇인가 하는 의문이 제기된다.

'대학 교육을 어떻게 규정할 것인가'라는 질문은 대학이 어떤 지식을 추구해야 하는가의 문제와 직결된다. 이는 지식의 성격뿐만 아니라 대학의 이념을 드러내는 일이기도 하다. 근래 대학 교육이 실제 산업 현장이나 직업 현장에 쓸모가 없다는 비판은 기업이 필요한 인재를 양성하는 방식으로 교육과정을 재편하게끔 하고 있다. 대표적으로 정부는 산업계에서 필요한 역량competency을 중심으로 국가직무능력표준NCS, National Competency Standards을 만들고, 대학으로 하여금 이에 맞추어 교육과정을 재편하도록 독려하는 인센티브를 제공하고 있다. 이는 지식의 비효율성 내지 대학 교육의 비실용성에 대한 비판을 극복하려는 노력일 수 있겠지만, 결국 산업 자본주의가 압도되어 '직업훈련소'로 변질되어가는 것이 아닌가 하는 자성의 목소리도 들린다. 대학에 다니는 2년 내지 4년의 시간 동안 산업계에서 필요로 하는 역량에 자신의 몸을 끼워 맞추는 셈이다. 특정 직업 활동이나 경력과 결부되어 목전의 현실에 소모되는 인력을 양성하는 것이 대학 교육이 되어버렸다.

대학은 '오늘'에서 독립해 '미래 가치'를 경작하는 청년공간이다

산업계 중심의 실용적 지식 추구를 비판하는 입장 역시 공존한다. 대학의 본래적 사명을 강조하는 입장이다. 신영복 교수는 대학은 '독립 공간'이어야 한다고 말했다. "정치권력으로부터 독립하고, 자본권력으로부터 독립하고, 그리고 '오늘'로부터 독립되어야 한다. 오늘 이곳에서의 필요보다는 내일을 위한 가치를 창조하는 미래 공간으로서 비판담론, 저항담론, 대안담론의 산실이어야 한다." 그는 인간적이고 성찰적인 숲으로서 실천적 과제와 일정하게 결합하는 곳이 '대학'이어야 한다고 말했다. 청년 시절의 의미와 한 사회에서 대학이 갖는 의미이며, 우리 시대 참다운 대학을 찾기 어렵다는 것은 우리 사회 '청년 시절'이 사라졌다는 의미라고 진단했다.

교육기관인 대학은 시장의 기업과 다르며, 추구하는 지식의 성격도 다를 수밖에 없다. 교육철학자 뉴먼Newman은 그의 대표적 저서인 『대학의 이념The Idea of a University』에서 대학의 목적은 다른 무엇보다도 '교육' 그 자체에 있음을 강조했다. 그에게 지식은 상호 긴밀하게 연결되고 전체로서 하나를 이루는 '총체적인 것'이다. 얼핏 실용성, 효율성과 무관해 보일지라도 특정 분야에 국한된 개별 전문지식의 학습보다 포괄적 지성의 함양, 폭넓은 지적 안목의 습득이 교육의 목표다. 역설적으로 지식과 기술의 생명 주기가 짧아지는 추세, 고도로 분화되고 전문화됨에 따라 상호 의존성이 증대하는 경향 등을 고려한다면 부분을 넘어 전체를 보는 안목, 지엽을 넘어 핵심을 파악하는 통찰력을 가진 인재를 양성하는 것이 대학 교육의 목표가 되어야 한다고 주장한다.

학문의 파편화와 대학의 상업화가 만연한 오늘날 경종을 울리는 이야기는 이뿐 아니다. 독일의 철학자 야스퍼스Jaspers 역시 저서 『대학의 이념』에서 특정 분야에 대한 단순한 기술 연마나 특정 능력을 배양하는 것이 대학 교육의 목적이어서는 안 된다고 말했다. "대학은 지식 그 자체가 아니라 지식을 재창조해내는 능력과 사실의 핵심을 파악하고 물음을 제기할 수 있는 능력을 배양하는 곳이 되어야 한다."

그는 지각력을 계발시키지 못하거나, 안목의 지평을 넓혀주지 못하고 '철학적' 사고를 형성해주지 못한다면, 그러한 전문가들은 우리 사회에 도움을 주기보다 오히려 해악을 끼칠 가능성이 크다고 지적한다.

협동조합은 '모두를 위한 모두에 의한 교육'이다

특히, 사회사상가이자 평론가인 이반 일리치Ivan Illich는 '모두를 위한 교육은 모두에 의한 교육'이라고 말했다. 일방적으로 규정되거나 영향을 받지 않고, 참여자 모두가 함께 기여하고 공정하게 도움을 받을 수 있어야 한다는 의미다. 나아가 그는 학교라는 시스템을 폐지하고, '학습망'을 구축해야 한다는 급진적인 주장을 펼치기도 했다. 기존 사회에 적합한 사람을 보다 효율적으로 만드는 교육 방식을 선택할 것인가, 아니면 교육 행위가 어떤 특정기관에 독점되지 않는 새로운 사회에 적합한 교육 방식을 택할 것인가 하는 문제다. 새로운 사회에 적합한 교육 방식은 참여자 모두가 함께 기여하고 공정하게 도움을 받을 수 있는 '공생공락conviviality'이어야 한다는 의미다.

자본주의 소비주의가 대학생활 속으로 깊이 침투하고, 학생들은 서로 경쟁자로 인식하며 개인주의화되고 있다. 협동을 경험할 곳이 없고, 무한경쟁을 당연한 것으로 받아들이는 곳이 '대학'이 되어버린 상황이다. 이렇게 척박한 환경에서 협동조합을 활성화하고 강화시키는 것은 대학사회의 '공생공락' 문화를 형성하는 지름길이다. 협동조합을 통해 나의 것을 우리의 것으로 전환시키고, 서로를 우리 삶의 주체로 만드는 과정, 서로의 필요를 공동의 필요로 만들어 우리의 몫을 키우는 과정이 대학을 살리는 길이라 하겠다.

일리치는 교육 공공성이 실현되기 위한 필수조건으로 '차이', '자율', '평등'을 제시했다. '차이'란 가르침과 배움을 위한 만남에서 각자의 고유한 능력이나 처지 등을 있는 그대로 인정할 수 있어야 함을 뜻하며, '자율'이란 이러한 다양성 속에서 스스로 가르치고 배울 수 있는 소재와 방법, 공간 등을 선택할 수 있어야 한다는 의미다. '차이'와 '자율'이 내적 조건이라 한다면, 이 과정에 소요되는 크고 작은 비용에 제약받지 않는 외적 조건이 '평등'이라 하겠다. 이들 필수조건들을 강화하는 총체적 학습관리 기제로 '협동조합'을 꼽을 수 있다.

2. 교육철학이 협동조합을 만날 때

협동조합, 학교의 공동체성 회복을 돕는다

듀이는 '학교'를 중심으로 한 교육 시스템이 공동체성을 담보할 수 없는 이유를 설명했다. 그는 공동체의 실체적 준거로서 내적으로는 '집단 구성원들 사이에 의식적으로 공유되고 있는 관심의 수와 다양성'을, 외적 준거로는 '다른 사회집단과의 자유롭고 충만한 상호작용'을 꼽았다. 그의 준거를 엄격히 적용하면 교육공동체로 일컬어지는 학교가 실제 공동체의 범주에 포함되지 않는 경우가 적지 않다. 인적·물리적 요소들이 서로 유기적으로 관련을 맺고 있고, 학교에서 이루어지는 제반 활동들이 인재 양성이나 교사교육과 같은 특정 목적을 위해 전개된다고 해서 그것을 일방적으로 공동체라고 단언하기 어렵기 때문이다. 듀이의 시각에서 볼 때, 학교에서 만일 구성원들이 여러 의사결정 과정에 충분히 그리고 자유롭게 참여하고 있지 못하거나, 혹 공유하고 있다 하더라도 그에 비추어 각 구성원이 자신의 행동을 통제하지 못한다면, 그리고 학교 외의 다양한 기관이나 단체들과 풍부하게 상호작용하지 못하고 그 자체의 관심만을 추구한 채 고립되어 있다면, 그것은 기계적인 결합일 뿐 진정한 공동체라고 볼 수 없다.

학교 자체로 공동체성을 담보하기 어려운 상황에서 학교 안에 '협동조합'을 활성화시키는 일은 학교의 공동체성을 채우는 일로 연결된다. 먼저 공동체성을 담보하는 내적 원리인 '집단 구성원들 사이에 의식적으로 공유되고 있는 관심의 수와 다양성'은 협동조합 사업의 내적 구성 원리다. 구성원들이 의식하고 있는 관심 영역이 바로 사업의 원천이며, 여기에 머무르지 않고 파생하는 구성원들의 필요를 파악하고 이를 충족시키기 위해 노력하는 것이 사업의 메커니즘이다. 구성원의 관심 영역이 이동하는 경로에 따라 움직이는 작동 원리는 '생물'에 가깝다. 공동체성의 외적 원리인 '다른 사회집단과의 자유롭고 충만한 상호작용'은 협동조합 사업을 가능하게 하는 핵심 자산이다. 협동조합에서 운영하는 사업은 신뢰와 협조의 규범에 기반을 둔 호혜적인 사회적 관계를 얼마나 확보하고 있는지가 성공의 열쇠다. 게다가 협동조합 7원칙 중 하나인 '지역사회 기여'는 듀이의 외적 준거 '다른 사회집단과의 자유롭고 충만한 상호작용'과 맥을 같이하고 있다. 공동체성을 담보하고 있는 협동조합을 활성화하는 일은 학교 제도의 경직성을 극복하는 의미 있는 실험이라 하겠다.

캠퍼스 협동조합, 실천공동체로서 경험학습을 이끈다

지식과 정보 위주의 교육에서 벗어나 삶의 훈련으로써 나아가야 한다는 것은 초·중·고만이 아니라 대학에서도 여전히 유효한 문제의식이다. 대학은 학문을 하는 곳이기도 하지만 그 학문은 현실과 분리된 것이 아닌 우리의 삶과 사회와 연결되어야 한다. 이는 직접적인 유용성을 따지는 것이 아니다. 대학에서의 교육이 실천으로서 의미를 가질 수 있어야 한다는 뜻이다.

실천이란 무엇일까? 사실 살아간다는 것은 생존의 문제부터 고차원적인 유희에 이르기까지 온갖 종류의 일에 쉬지 않고 관여하는 것이다. 관여란 상대방 혹은 세상과 상호작용하는 일이며, 그 과정에서 그들과 모종의 관계를 형성하게 된다. 실천 개념은 활동을 포함하지만 활동 자체에 한정되지 않는다. 그것은 우리가 하고 있는 일에 의미와 구조를 부여하는 역사적이고 사회적인 맥락 내에서의 활동을 말한다. 즉, 실천은 항상 사회적인 실천이다. '경험학습Learning by Doing'이라는 명제는 단지 활동을 의미하는 것이 아니라, 실제적인 사회 맥락 속에서 의미와 구조를 형성하는 사회적 실천을 의미한다. 협동조합의 '경험학습'이 분절적인 활동 프로그램 개수로 정량화하기 어려운 이유는 '실천'이 갖는 이러한 맥락 때문이다. 하나의 사업체로서 조직화되면서 구성원들 사이에 행위 양식과 관점이 이어져가는 '과정' 그 자체가 '실천'이기 때문이다.

실천 공동체로서의 대학에서 만들어지는 협동조합은 사회적 관계 속에서 실천에 참여하고, 의미를 협상하며 자기결정권을 갖는 민주적 의사결정 구조를 경험하는 또 하나의 '교육과정'이라 할 만하다. 사실 대학은 이미 '작은 사회'다. 대학을 졸업하고서 사회인이 되는 것이 아니라, 대학생들은 이미 시민이다. 따라서 캠퍼스 협동조합은 대학과 사회의 경계를 두지 않고 대학생과 대학교, 세상의 변화를 위한 일상적인 실천을 중시해야 한다. 이를 통해 '협동적이고 조직적인 지성'으로 의사소통하고 '탐구 공동체'를 형성해 대학과 사회의 필요를 해결하고, 문제를 해결해나가게 된다. 홀로 사고하고 해결하는 것이 아니라 협력하면서 공동의 탐구를 추구하며, 개인의 힘을 모아 실천하는 시민성의 방법론이 여기에 담겨 있는 것이다. 듀이는 민주주의에 대해 그 의미를 '생활양식으로서의 민주주의'라고 제시했다. 협동조합이 생활양식으로서의 민주주의를 실현하는 무대로 그 가능성을 평가받길 기대한다.

캠퍼스 협동조합
생활세계에서 공공성을 추구하며 앎과 삶을 연계하다

대학은 학생들의 일상이 영위되는 공간이다. 공부하는 공간인 동시에 먹고, 마시고, 휴식을 취하는 생활공간이다. TV 드라마 '응답하라' 시리즈는 '생활세계로서의 캠퍼스'가 대학을 인식하는 강한 근거임을 말해준다. 좋든 싫든 대다수의 학생들은 청년기의 상당 부분을 대학에서 학습하고 생활하며, 생활세계로서의 캠퍼스를 체험하고자 추구한다. 2013년 고려대에서 시작됐던 "안녕들하십니까" 열풍은 대학이라는 공간이 캠퍼스가 표상하는 사회적 의미 추구와 스펙 쌓기 경쟁이 공존하는 모순적 장소임을 짚어주기도 했다. 학생들에게 '공공성'이 여전히 민감한 화두라는 증거나. 문제는 생활세계로서의 캠퍼스에 대한 체험을 기반으로 공공성 논의를 확장시킬 수 있는가이다.

협동조합은 생활세계로서의 캠퍼스에서 학생 스스로의 참여와 의지로 교육복지를 강화하는 방식의 사업을 펼쳐간다. 학생과 교수·강사, 교직원, 지역 주민 등과 함께 참여해 자치로 민주적으로 운영되는 유일한 경로라 해도 과언이 아니다. 하나 협동조합이 있다고 해서 대학이 교육의 공공성을 보장한다고 보기는 어렵다. 단순히 협동조합 수가 늘어난다고 해서 대학이 협동의 그물망으로 엮이는 것은 아니다. 캠퍼스 협동조합은 학교의 문제에 대해 학내 관계자들이 어울려 스스로 대안을 모색하고, 다양한 이해관계자들과 협력하고 결속함으로써 다양한 문제들에 대응하는 일이다. 좋은 삶, 좋은 교육이란 무엇인지 끊임없이 생각하며, 나와 우리가 얼마나 멀어져 있는지 자신을 돌아볼 수 있는 기회를 계속해서 만들어가는 노력이 병행되어야 한다.

철학자이자 교육학자인 루소Rousseau는 『에밀』에서 교육은 순수한 의미의 지적 노동에 머물러서는 안 되며, 공동체의 원리를 구체적인 삶의 모습으로 실천해야 한다고 주장했다. 앎과 삶이 연결되어야 한다는 의미다. 협동조합은 짜인 교육의 틀이 아닌 실천 공동체로서 앎과 삶을 연결하는 플랫폼이라 하겠다.

한 개인의 인생에서 청년 시절이 갖는 의미는 한 사회에서 대학이 갖는 의미와 같습니다. 대학은 그 사회의 미래 가치를 경작하는 청년 공간이기 때문입니다. 불행하게도 우리에게는 참다운 대학이 없습니다. 대학은 독립 공간이어야 합니다. 정치권력으로부터 독립하고, 자본권력으로부터 독립하고 그리고 '오늘'로부터 독립되어야 합니다. 오늘 이곳에서의 필요보다는 내일을 위한 가치를 창조하는 미래 공간이어야 합니다. 비판담론, 저항담론, 대안담론의 산실이어야 합니다. 교육이 백년대계(百年大計)인 까닭입니다.

_신영복 성공회대 석좌교수

『한겨레』 2012년 3월 3일

3. 대학 교육과 협동조합의 접점, 시민성 함양

인간발달의 원천은 사회에 있다

최근 뜨거운 관심을 받고 있는 비고츠키의 교육학은 새로운 교육 패러다임 종류를 '관계'와 '협력' 등 사회적 관계를 기반으로 한 교육학으로 정립하는 데 기여했다. 국내에서 비고츠키가 주목받은 것은 비교적 최근의 일이지만, 그의 교육학은 이미 오래전부터 좋은 교육 모델로 손꼽혀오던 핀란드, 노르웨이, 스웨덴, 쿠바 등 전 세계의 교육에 강한 영향을 미쳤다. 사회적 상호작용과 언어 및 문화가 학습에 미치는 영향을 연구했던 비고츠키의 이론체계는 '문화역사적 이론', '사회적 구성주의' 등으로 불린다.

교육심리학자 비고츠키는 '협력'이 공동체적인 삶을 위해 필요한 가치일 뿐 아니라, 인간발달에서 필수적이며 가장 효과적인 방법이라고 말했다. 인간적 가치라는 것이 본래 '자유롭고 주체적인 인간들의 공동체' 속에서 고양되는 것이기 때문이다. 그의 이러한 인간관은 "동료 인간이 있었기 때문에 우리는 주체적 인간으로 발전할 수 있다"라는 한마디로 요약된다. '협력'이 단지 도덕적으로 좋은 것이 아니라 '교육에서 필수적이며 가장 효과적인 과정'이라는 비고츠키의 논거는 '협력'과 '관계'를 명확한 교육적 가치로 상승시키는 근거가 되고 있다.

개인과 사회의 변증법적인 측면을 강조했던 그는 단순히 개인의 개별화된 문제해결능력 계발에 초점을 둔 교육의 접근이 적절하지 않다고 말했다. 발달과정에서 배우고 익혀야 할 모든 지식과 개념, 기능들은 사회적 협력 속에서 태어나고 성장한 것이기에 협력적 상황에서야 비로소 제대로 느끼고 이해할 수 있기 때문이다. '민주주의', '친구와 우정' 등은 사회적 관계와 협력이 없다면 결코 제대로 익힐 수 없다. 주의집중이나 자기규제, 창조성 등 갖가지 정신 기능들 역시 고립된 상황에서는 익힐 수 없는 것들이다. 이를 두고 비고츠키는 인간 발달의 원천이 '사회'에 있음을 강조했다.

지성은 사회적 산물이다

교육철학자 듀이 역시 교육은 사회에 존재하는 모든 영역과 유기적으로 연결되어 있다고 말한다. 학생들의 경험을 교과서 삼아 일상 속의 여러 문제들을 함께 생각하고 지성을 키워나가는 일, 학교와 사회의 경계를 두지 않고 학생과 학교와 세상의 변화를 위한 일상적인 실천을 중시여기는 것이 듀이의 사상이다.

듀이는 산업화·도시화·기계화·노동의 분화 등과 같은 사회적 변화들로 인해 직접적인 인간관계와 풍부한 의사소통, 자율과 자치, 실세적 활동에의 직접적 참여 등과 같은 산업화 이전의 공동체가 지녔던 바람직한 생활양식이 변질되어가고 있다고 진단했다. 그는 가치의 혼란, 경쟁과 폭력의 증대, 물질주의의 확산, 관료주의화, 공공선의 부재 등과 같은 현상들은 근대적 개인주의와 자유주의의 소산이라며, 새로운 시대에 적합한 공동체적 사유 및 행위양식을 통해 이를 극복할 수 있다고 말했다.

특히, 인간본성이란 '충동, 습관, 지성'이라는 세 요소의 유기적 결합이며, 이 중 지성은 "사회적 협동이나 자유로운 교섭 그리고 의사소통이 활발하게 일어나는 공동체의 산물"이라 강조했다. 지성을 사회적 산물이라고 본 것이다. 그는 가장 이상적인 공동체는 '민주적인 공동체'라며, "인간 본성이 가진 능력에 대한 신념, 즉 인간의 지성과 공동의 그리고 협동적인 경험의 능력에 대한 신념은 민주주의 기초"라고 설명했다.

이런 공동체 의식을 형성하기 위해서는 다양한 사람들이 복잡한 사회적 관계 속에서 서로 긴밀한 영향을 주고받으며, 서로의 삶을 지탱하고 성장시켜가야 한다. 사람과 사람 사이의 유대적인 관계성을 인식해야 하고, 그러한 인식은 다른 무엇보다 사회적인 관계를 잘 드러내주는 실제 활동에 직접 참여함으로써 가능하다는 것이 듀이의 주장이다.

실제로 듀이는 학생들이 일상적인 삶 속에서 협력활동에 직접 참여해야 한다고 보고, 그 일환으로 '수공 프로그램'을 도입할 것을 주장했다. 이는 '손으로 만든다'는 것 그 이상의 교육적 의미로서 단순한 기술 함양의 차원이 아니라, 지적이고 사회적 성향을 발달시키기 위한 실제적 활동으로 구성된다. 요리, 정원 가꾸기, 수공·목공 활동 등의 공동 작업이 중심축이었다. 이들 프로그램은 정해진 교과 수업의 피로를 덜고자 별도로 부가된 프로그램이나 정서적 위안과 즐거움을 제공할 목적으로 마련된 것이 아니었다. 교과 내용을 배우는 과정에서 학생들에게 학교 밖에서와 같은 적극적인 '관심'과 '능력'이 살아 있도록 매개해줄 활동을 탐색하고 조직한 결과였다. '생동성'이 교육적 성장의 기본조건이기 때문이다. 여기에서의 노동은 그 자체로서 놀이이기도 하고 사회적 협동을 체험하는 과정이기도 했다.

교육은 민주주의를
생활 속에서 체득하고 실천하는 시민으로 성장하는 일이다

듀이는 산업화, 도시화 등의 변화들이 공동체 생활에 있어 인간관계를 다양화하고 그 질을 고양시켜줄 경험 기회를 상실하게 만들었음을 지적하며, 수공 프로그램 도입을 통해 실제적 경험에 참여하게 함으로써 그러한 결함을 극복할 수 있음을 주장했다. 그는 학생들에게 실제 삶의 문제로부터 심화·확장되어갈 수 있도록 하는 협력적·자치self-rule적 경험을 통해 '더불어 살아가는 창의적인 민주시민'으로 성장할 수 있다고 믿는다.

단지 투표권이 공정하게 집행되는 것만으로 민주주의가 실현되고 있다고 믿는 것은 민주주의를 왜소하게 만드는 일이다. 민주주의는 선서를 통해 정부를 구성하거나 행정을 집행하는 방식보다 훨씬 광범위하고 심오하다. 듀이는 집단 간 상호작용이 자유롭고, '상호 변화'를 가져올 수 있을 때 비로소 '민주적'이라고 인정한다. 사람들과 더불어 살아가는 가운데 민주주의를 생활 속에서 체득하고 실천하는 시민으로서 민주주의에 대한 신념을 형성하는 일련의 과정이 '교육'인 것이다.

바로 이러한 점에서 듀이의 교육관은 자발적 참여와 협동을 사업의 동력으로 삼는 협동조합의 핵심 골격과 유사하다. 듀이의 '공동체'와 '협동조합'의 규범적 성격과 준거는 동어반복의 수준으로 맥을 함께하고 있다. 협동조합 역시 '민주적 참여', '협동과 공존의 가치'를 제도화한 것과 다름없다. 공통의 경제적·사회적·문화적 필요와 욕구를 가진 사람들이 민주적인 의사결정 구조를 지닌 사업체를 통해 공공의 이익을 추구하는 활동이 협동조합이다. 공동의 가치와 의미를 공유하기 위해 끊임없이 토론하고 의사소통하며 상호 변화까지 이끌어가는 것이 성공의 열쇠다.

4. 대학과 지역사회의
   교육적 연계, 협동조합을 통한
   마을교육공동체의 가능성

대학과 지역사회의 교육적 연계

대학은 지역 경제의 한 주체로서 교육뿐만 아니라 의료 및 기타 각종 시설과 서비스를 제공하고 있으며, 고급 인적 자원이 집약되어 지역사회와 다양한 관계망으로 연결된 교육기관이자 사회기관이다. 하지만 최근까지도 대학 고유의 영역인 지식과 학습 차원에서의 대학-지역 연계를 실현하고 있지는 못하고 있다. 그동안 대학과 지역사회의 연계는 캠퍼스 공간을 중심으로 이뤄지거나 상권적인 측면에서 이뤄진 경향이 있었다.

Uyarra(2010)는 지역혁신에서 대학의 역할을 ▲지식공장Knowledge factory: 과학적 지식의 생산, ▲관계적 대학relational university: 지식 교환, ▲기업가적 대학entrepreneurial university: 적극적인 연구 상용화, ▲체계적 대학systemic university: 지역 주체들 간의 매개, ▲참여적 대학 engaged university: 지역 발전의 적극적 주체로서의 발전적 역할로 제시하고 있다(장후은·이종호, 2017에서 재인용).

이처럼 지역사회와 연계해서 다양한 변화를 만들어낼 수 있는 잠재력이 있음에도 불구하고 대학은 지역사회에서 섬처럼 존재해왔다. 하지만 최근 들어서는 정부의 대학 교육 정책에서도 지역사회와의 연계는 중요한 평가지표로 등장하고 있다. 현재 교육부의 대학 기본 역량 진단에는 8개 항목 중 '지역사회 협력·기여'가 한 항목으로 포함되어 있다. 구체적인 지표로는 ▲지역사회 협력·기여 활동을 위한 지역사회 수요 분석, ▲지역사회 협력·기여 활동을 위한 대학의 지원 및 실적, ▲환류를 통한 지역사회 협력·기여 활동의 개선·보완을 제시하고 있다.

한국교육개발원의 『2018년 대학 기본 역량 진단 편람 설명회 자료집』에서는 다음과 같은 협력·기여 유형과 예시를 들면서 대학의 규모와 특성을 고려하여 대학이 소재하고 있는 지역사회 발전에 대한 기여 노력과 성과를 진단하고 있다. 또한 이러한 활동들은 대학의 행·재정적 지원 아래, 지역사회의 유지·발전에 기여한 정례적·지

협력·기여 유형	주요 내용(예시)
지역산업 연계	• 지역기업 지원 실적(공동 연구, 기술지도 등) • 지역산업 발전 지원(공업, 농/축/어업, 관광업, 출판업 등) • 창업 활성화 지원(재학생 대상 제외) 등
지역사회 봉사	• 영·유아 보육 및 교육 지원 • 지역 학생(초·중·고) 지원 • 노인·장애인·청소년 복지 등 • 주민 시설 개방 및 지역 문화 선도 활동
평생교육 제공	• 문해 교육 등 성인 기초 교육 • 만학도, 교양 목적 등 성인학습자 교육 • 직업 교육, 이직 교육 등 직장인 재교육 수요 발굴 및 제공 등
지자체 협력	• 지역종합발전 계획하에서 대학의 역할 및 기능 부여 • 지자체 사업 지원, 전문 인력 제공 등
기타	• 상기 유형에 포괄되지 않는 지역사회 협력·기여 활동

출처: 한국교육개발원의 『2018년 대학 기본 역량 진단 편람 설명회 자료집』

속적 활동을 의미하기에 개인 차원 활동 및 일회성 활동은 포함되지 않는다.

사실 외국의 예를 보면 우리나라는 늦었다고 할 수 있다. 김태현·이태희(2017)에 따르면 일본과 미국은 앞서서 대학의 지역 공헌 의무를 법적·제도적으로 정착시켜왔다. 일본은 대학의 '지역 공헌' 의무를 관련법에 명문화하고 있다. 2000년 「지방분권일괄법」이 시행되면서 지역 자생력이 강조되었고, 풍부한 인적·지적 자원을 보유한 대학의 중요성을 인식했으며, 대학도 학령기 인구 감소에 따른 교육 수요자 확보 등 지역 공헌의 필요성에 공감했다. 따라서 중앙정부는 대학·지역사회 협력 증진을 위한 제도화와 지원을 지속적으로 확대했다. 2005년 내각관방 도시재생본부는 「대학과 지역의 연계협동에 의한 도시재생 추진」을 정책 과제로 채택해서 교육기본법, 학교교육법 등을 개정해 기존의 '교육', '연구'와 함께 대학의 '지역 공헌' 의무를 교육 관련법에 명문화했다. 또한 2013년 문부과학성은 'Center of Community(COC)' 사업을 시행하고 대학·지역 협력 촉진을 위해 대학당 연간 최대 5,800만 엔(5억 9,400만 원)을 5년간 지원했다.

한편 미국은 연방정부가 '커뮤니티 지원활동 센터COPC: Community Outreach Partnership Center' 프로그램 등 지원 프로그램을 운영하고 있다. 대학과 지역사회가 쇠퇴한 지역사회의 재생이라는 공동의 목표 아래 호혜적 관계를 구축할 기회를 제공하여 선정된 대학에 매년 15만~58만 달러(1억 7,000만~6억 6,000만 원)의 보조금을 지급하고 있다. 1994년부터 2005년까지 189개 대학에 총 8,000만 달러(913억 원)의 보조금이 지급되었다.

하지만 꼭 이러한 교육 정책의 변화만이 아니라 자생적인 움직임 측면에서도 대학과 지역사회의 협력 관계가 논의되기 시작하고 있다.

이태동 교수는 연세대학교의 마을학개론 수업 이외에도 서울대학교의 '시민정치론' 수업 등을 예로 들며 대학-지역 연계 수업(Community-Based Learning, CBL 수업)의 의미를 밝히는 연구도 진행했다. CBL 수업은 대학과 대학을 둘러싼 지역사회를 배경으로 '손에 잡히는(tangible)' 교육 방법을 통해 기존 강의실 위주 수업의 한계를 보완하는 데 목적을 두고 있다고 한다. 특히 CBL 수업은 지역 사회와 공동체local society and community에 대한 강조와 더불어 학생들이 지역사회 속에서 교과 내용을 깊게 이해하고 실제에 적용할 수 있도록 하는 기회를 제공하는 것을 목표로 한다. 그리고 CBL 수업이 지닐 수 있는 다양한 효과의 지표 중에서 지역 신뢰에 주목하여 효과성을 분석했다. 그 결과 CBL 수업이 학생들의 지역 소속감과 사회적 자본에 긍정적인 영향을 끼치는 것으로 나타났으나, 정치 과정(구청과 구의회)에 대한 신뢰도에는 오히려 부정적인 영향을 미치는 것으로 드러났다. 이는 수업을 통해 기존 정치 과정을 접하고 알게 되면서 오히려 신뢰 수준이 낮아질 수 있음을 보여줬다. 그러나 이는 CBL 수업이 시민적 자질과 시민활동에 부정적인 영향을 끼친다는 의미라기보다는, 수업을 통해 얻은 지식과 경험이 지역 현상에 대한 보다 비판적인 판단을 가능하게 하도록 역할을 하는 것이라고 한다(이태동 외, 2017).

이러한 시도는 서울뿐만이 아니라 여러 지역에서 시도되고 있다. 대구 달서구에서는 2018년부터 계명대학교와 함께 지역사회 문제 해결을 위한 네트워크가 만들어졌다. 달서구도시재생지원센터, 달서구사회적경제협의회, 달서구자원봉사센터, 삼익신용협동조합 등이 함께하고 있다. 시작은 2017년 도시재생 활성화 프로그램으로 진행된 청년지역 사회 아카데미에 대학교 산학인재원 교수가 참여하면서부터이다. 대학 과 지역의 단체가 함께 모여 고민한다면 여러 문제들을 풀 수 있지 않을까란 기대로 모임이 이뤄지고 있다.

경기도 시흥의 경우에는 2014년부터 지역사회와 대학사회의 호혜 적 관계망 만들기가 시도되었다. 처음에는 시흥시와 한국산업기술대 간의 상호 협력 업무협약을 체결하고 지역발전 정책실무협의체를 운 영했다. 브레인스토밍 방식으로 여러 아이디어를 내는 단계를 지나 점 차 구체적인 아젠다별 관학협력협의체가 구성되어갔다. 대학과 지역사 회의 연계는 수업 방식도 변화시켰다. 대학에서는 전공수업을 개방하 고 시흥시 청년정책팀에서는 지역의 현안 문제를 공유하면서 전문가 연계가 시도되었다. 이런 만남을 통해 교과과정이 수정되고 새로운 연 구 프로젝트가 진행되었다. 지자체에서는 관련한 프로젝트 예산을 지 원하면서 연구 인턴십 과정의 정책 설계가 이뤄졌다. 전공과 연계를 하면서 지역의 문제를 분석하고 해결책을 모색하는 수업은 점차 확대 되었다. 대중교통 문제를 비롯하여 시흥시가 안고 있는 총 20개의 과 제가 도출되었고 학생들은 문제의 원인을 분석하고 해결책을 모색하 고 프로젝트를 진행해갔다. 지역과 연계된 지역사회 문제 해결 프로 그램은 학생들의 창의적 문제해결능력을 배양하며 지역사회 문제를 해결하고 있어 계속 늘려갈 예정이다. 이처럼 지자체, 기업, 대학이 함 께 연결된 산-학-관 새로운 연계형 모델을 만들어가고 있다(조은주, 2017).

계속 얘기되었듯이 현재의 교육은 강의실로는 부족하다. 교과서를 중심으로 강의실에서 이뤄지는 일방적인 교육으로는 역량과 인성을 키울 수가 없기 때문이다.

마을교육공동체와 캠퍼스 협동조합

대학–지역 연계 수업 혹은 지역을 기반으로 한 자기주도 사회문제 해결 프로젝트는 "공동체"와 연계되어 얘기된다. 양병찬(2008)은 지역만이 지역 실정에 맞는 교육 문제의 해법을 가지고 있을 뿐만 아니라 지역은 그들이 보유하고 있는 공통성과 공동체의 특성을 살려서 민주성, 상향성, 포괄성, 참여성, 현장 적합성이라는 요구를 충족시킬 수 있다고 한다. 이러한 특성들로 지역교육공동체를 지향하게 되며, 결국 지역교육공동체란 공동체와 교육·학습이 융합된 교육공동체learning community를 의미한다고 정의하고 있다.

아직 대학에서는 생소할 수 있지만 초·중·고의 경우에는 2014년 진보 교육감이 대거 당선되면서 본격적으로 마을교육공동체가 곳곳에서 운영되고 있다. 마을과 학교가 함께하며 아이들의 돌봄, 마을 방과후, 마을학교를 열어가고 있다.

마을교육공동체란 '마을이 아이들을 함께 키우는 것', '마을이 아이들의 배움터가 되는 것', 그리고 '아이들을 마을의 주인(시민)으로 키우는 것'을 의미한다(김용련, 2014). 이러한 마을교육공동체는 기존의 경험주의적 교육관을 벗어나 구성주의와 생태주의 교육관으로 전환하면서 올바른 학습생태계를 구축하는 것이 교육공동체의 운영 원리가 되어야 한다는 점을 배경으로 한다(김용련, 2015).

유영만 교수는 『지식생태학』을 통해 지식 역시 자연의 일부로서 생성 및 순환이 자연스럽게 일어나는 생명으로서 바라본다. 이러한 관점에 따라 지식은 부분 부분 박제되어 유통될 수 있는 존재가 아니라 자기조직력을 바탕으로 살아 숨 쉬는 동적 생명체라고 한다. 이를 위해 지식 생성의 주체인 구성원들과 이들을 둘러싼 환경(시스템, 문화 등) 등과 함께 긴밀한 '관계망'을 형성한다. 특히 지식생태학의 실천 분야로서 "학교교육생태계"를 제시하며 일상적 삶에서 배우고, 일상에서 만나고 부딪히는 모든 것이 학습의 자원이라고 강조한다. 모두가 스승이 될 수도 있고, 모두가 배우는 사람이 될 수도 있다. 교우, 교사, 선배, 후배와 상호작용을 하고 지역사회도 참여할 수 있다고 한다. 결론적으로 대학의 지식생태계는 배움의 터전이 곧 삶의 터전이 되어 배움으로서 학과 습이 선순환되는 개방적 생태계여야 한다(유영만 외, 2018).

김용련 교수와 유영만 교수의 이러한 생태학적 관점에서의 접근은 앞서 우리가 살펴본 캠퍼스 협동조합을 통해 심화, 확장될 수 있다. 대학-지역 연계형 수업 방식도 교실에서만 이뤄지는 가상의 사례가 아니라, 실제 사례로서 지역이 가지는 교육 자원으로서의 의미와 효과를 발견할 수 있다. 대학만이 아닌 지역의 다양한 기관이 교육기관으로서 역할을 수행하게 된다.

대학은 지역과 어떻게 만나야 할까

하지만 이러한 대학과 지역사회가 연계된 지역사회 기반 학습체계 구축(마을교육공동체)의 경우에도 몇 가지 문제가 있다. 대학과 지역사회의 관계 설정 및 지역의 교육자본의 문제이다. 김태현·이태희(2017)에 따르면 지역의 다양한 특성을 반영하고 지속성을 강화할 수 있는 협력체계를 제도적으로 구축하는 방안으로 ▲대학의 특성과 지역사회의 다양성을 고려하여 유형별 협력을 추진, ▲주변 지역에 대한 대학의 역할을 제도적 틀 안에서 수용, 대학과 지역사회가 서로를 협력 파트너로 인식, ▲협력을 위한 거버넌스와 역할 분담체계를 우선 마련 등을 제안하고 있다.

학생들이 지역사회에서 자신을 포함한 지역 주민들의 문제에 공감하여 이를 해결의 당사자로서 체험하고 교육하는 것은 장려할 만한 일이다. 하지만 자칫 지역사회가 대학의 일방적인 배움터로서만 자리매김하게 될 경우 대학과 지역사회의 갈등이 야기될 수도 있다. 지역사회 활동가는 학생들이 와서 지역의 문제를 해결하기 위해 들쑤시고 다니다가 몇 주, 몇 개월 만에 포기하고 돌아가버리는 현상을 "수술한답시고 배를 갈라놓고 꿰매지도 않고 가는 것과 같다"는 표현을 쓰기도 했다. 민관만이 협력적 거버넌스가 필요한 게 아니라 대학과 지역사회도 교육을 위한 협력적 거버넌스가 필요하다.

또한 지역사회가 충분한 교육자본 내지 교육력을 갖추었는지도 문제가 된다. 정치 캐치프레이즈였던 '저녁이 있는 삶'이 몇 년 동안 회자가 될 만큼 한국 사회는 삶의 여유가 없는 사회이다. 행정을 비롯한 공공의 영역에서는 주민들의 다양한 참여를 원하지만, 참여에 대한 보상은 전무하다. 일부 지역 활동가들이 지속가능하지 못한 활동 속에 고립되어 소진될 수 있는 부분이다. 마을교육공동체라는 이름으로 또 하나의 짐을 지우는 것은 아닌가 고민해야 할 점이다.

초·중·고에서 시작된 교육의 변화는 대학으로 확산되고 있다. 학생 정원은 줄어들고, 대학졸업자 태반이 취업을 못하는 현실에서 대학의 의미를 잃어가고 있다. 대학의 사회적 의미를 확보하고 공공성을 찾는 동시에 역량과 인성을 키울 수 있는 새로운 교육으로 바뀌어가는 데 지역사회를 기반으로 한 사회적경제가 유용한 도구가 될 수 있다. 하지만 이는 다시금 대학과 지역사회의 관계 설정 및 대학 구성원과 지역 주민, 학생들의 많은 변화를 필요로 한다. 서둘러 하나의 성공 모델을 내고 복제하듯이 찍어내는 것이 아니라, 각 대학과 지역사회가 처한 상황에서 각각의 자생적이고 지속가능한 모델을 만들어가야 할 때이다. 그러기 위해서 가장 먼저 필요한 것은 대학과 지역사회의 어색한 만남일 수 있다. 모 대학에서 지역 주민과 협력 방안을 논의하기 위해서 만난 자리에서 지역 주민이 "우리 자녀들 대학에 많이 입학하게 해주세요"라는 얘기는 우리의 솔직한 상황일지도 모른다. 책상머리에서의 설익은 정책 밀어붙이기가 아니라, 현장에서 관계자들이 함께 얘기하며 상황을 인식하고, 공동의 방향을 모색해갈 수 있어야 한다.

캠퍼스 협동조합은 이제 막 시작이다. 30년의 역사를 자랑하는 대학생협도 교육기관으로서 변화를 모색하고 있으며, 대학 내 협동창업도 늘어나고 있다. 대학의 모든 문제를 캠퍼스 협동조합이 풀 수는 없나. 학생, 교수, 교식원의 수병석인 만남, 대학과 지역사회의 수병석인 만남을 위해서는 더 많은 노력과 훈련이 필요하다.

무엇보다도 이를 위해서는 앞서 얘기했듯이 대학의 역할, 대학 교육의 의미에 대해서 대학 구성원들과 지역 주민들 공동의 고민과 실천이 필요하다. 그런 점에서 안치용 한국CSR연구소장이 '2017 대한민국 사립대 사회책임지수'를 발표하면서 이야기한 다음 의미는 다시금 되새겨볼 필요가 있다. "대학은 민주시민으로서 기본적인 소양을 형성할 수 있고, 변화하는 시대에 맞는 유연한 역량과 공동체적이고 개체적인 통합 역량을 키워주는 곳이어야 합니다. 특정한 기능, 당장 사용 가능한 기술보다는 전반적인 인식력과 포괄적인 문제해결능력을 키워주는 것이 종합대학의 역할 아닐까요? 대학은 자신 말고 자신을 둘러싼 곳을 인식하며, 가장 중요한 것은 공동체의 구성원이라는 사실을 인식할 수 있는 장소가 돼야 합니다"(『교수신문』 2017년 12월 15일).

공동체를 바탕으로 한 문제해결능력 함양을 위한 교육적 툴로서의 협동조합. 그래서 이제는 '협동조합으로 기업하라'만이 아니라 '협동조합으로 교육하라'를 외쳐본다. 일찍이 스페인 몬드라곤협동조합을 설립한 호세 마리아 신부는 협동조합을 '경제적 수단을 활용한 교육운동'이라고 칭했다. 협동의 교육학으로서 캠퍼스 협동조합의 가능성을 응원한다.

우리들의 이야기

대학은 학생들에게
현장을 제공할 수 있을까

박주희(경희대 후마니타스칼리지 협동조합 강사)

대학이 지독하게도 희망이 없는 공간이라고도 한다. 하지만 학생들에게 더 좋은 배움을 제공해주기 위해 노력하는 대학 구성원들을 많이 만난 편이다. 어쩌면 초라한 현실 속에서도 대학이 존재 의미를 갖는 것은 변화를 위해 노력하는 분들이 있기 때문일 것이다. 경희대에서 '다른 경제, 다른 기업: 협동조합'이라는 강의를 2015년 2학기부터 현재까지 6학기 동안 진행하게 된 것도 그런 분들의 제안과 도움이 있었기 때문이었다.

이 수업을 맡아보지 않겠느냐는 제안이 내게 매력적으로 다가온 이유는 경희대에 대학생협이 있기 때문이었다. 협동조합 연구자로서 다른 대학의 대학원에서 협동조합 수업을 가르쳐왔지만 대학생협이 있는 학교의 학부 교양수업은 처음이었다.

먼저 들었던 생각은 대학생협이 협동조합 본연의 혁신 동력을 잃지 않기 위해서 전략적으로 협동조합 수업을 활용할 수 있지 않을까 하는 기대감이었다. 협동조합의 혁신은 구성원들이 지속적으로 참여할 때 가능하나. 그런데 대학의 주요 구성원인 학생들은 4년에 한 번씩 바뀌기 때문에, 구성원들의 필요를 반영하고 참여를 독려할 수 있는 안정적인 제도를 만드는 것이 특히 중요하다. 수업이 그 하나의 방식이 될 수 있지 않을까 생각했다.

부수적으로 실험해보고 싶은 아이디어도 있었다. 다양한 전공의 교육적 체험의 현장으로서 대학생협의 가능성을 확인하고 싶었다. 대학생협이 대학 구성원들의 생활만이 아니라 교육을 지원하는 기능이 강화되어야 한다는 생각을 하고 있던 터에, 내가 진행하는 수업에서부터 그것을 실험해보자 하는 생각이 들었다. 그러나 이것은 어디까지나 부차적인 목적이었고 대학생협에 안정적인 학생참여 제도로서 수업을 활용하고 싶었던 생각이 더 컸다.

그런데 실제 수업 시간에 학생들을 만나다 보니 처음 생각했던 것보다 더 대학의 입장에서 생협이 중요하다는 것을 알게 되었다. 학생들은 한 학기라는 짧은 수업 시간 동안 생각보다 다양한 경험을 했다. '대학생협이 좋은데 왜 학생들의 가입이 이 정도이지'라는 문제의식으로 조합원 가입 홍보 영상을 만든 팀도 있었고, 일회용 생리대의 문제점을 생협을 통해서 풀어보자면서 지역의 바느질협동조합과 연계하여 면생리대 만들기 프로젝트를 진행하기도 했다. 그런데 이러한 과정은 실제 존재하는 문제를 해결하는 과정이었기 때문에 학생들의 배움은 굉장히 구체적인 실제성을 갖는 것이었다.

수업을 통한 학생들의 참여는 대학생협에도 도움이 되었다. 학생들은 전문적으로 사업을 해본 경험이 없기 때문에 초기 아이디어는 어설픈 경우도 많다. 그렇지만 대학생협의 주요 소비자인 학생들이 기획한 프로젝트들이었기 때문에 약간은 설익은 프로젝트들도 결과적으로는 생협에 도움이 된 경우가 많았다. 과일 프로젝트를 진행한 팀, 매점 모니터링을 진행한 팀의 사업 아이디어는 대학생협이 신규 사업을 모색하고 기존 사업을 개선하는 데 좋은 인풋이 되었다.

대학과 지역의 연계가 점점 더 중요해지고 있다. 많은 이들이 상아 탑 속의 갇힌 지식이 아니라 사회와 조우하는 지식이 생산되어야 한다고 말한다. 삶과 유리된 정보의 학습을 넘어서 삶을 변화시키는 배움이 이루어져야 한다고 강조한다. 그런 차원에서 지역문제 해결에 학생들이 직접 참여할 수 있도록 하는 수업이나 교과과정도 개발되고 있다. 매우 기쁜 일이고 더 활성화되어야 할 실험이다.

이러한 실험이 성공하려면 대학의 필요와 지역의 필요가 서로 조우할 수 있도록 섬세하게 조정하는 작업이 필요하다. 언젠가 대학과 지역의 연계를 주제로 한 토론회에서, 한 지역 활동가는 이러한 노력이 부족할 때 생기는 문제를 지적한 적이 있다. 그는 "학생들이 세상을 구할 것처럼 지역에 왔다가 6개월 만에 사라지기도 한다"며, 이것은 "수술한다고 배를 갈라놓고 꿰매지 않고 떠나는 것과 같다"고 비유했다. 지역은 실제 누군가의 삶의 터전이기에, 지역을 일방적인 체험의 장으로만 접근해서는 안 된다는 것이다.

대학생협은 이러한 문제와 관련해서는 분명한 강점이 있다. 대학생협은 학생들에게 교육적 체험의 현장이 되어줄 수 있으면서, 동시에 학생들의 참여는 대학생협의 사업에 중요한 인풋이 되기 때문이다. 여전히 양쪽의 필요가 만나도록 조정하는 것이 쉬운 일은 아니다. 하지만 대학 밖의 시민단체에 학생들을 보낼 때보다는 좀 더 수월한 작업일 수 있다. 대학생협과 현상제험학습 수업을 기획해본 경험을 가지고, 그다음에 지역으로 나가는 것도 방법이 될 것이다. '학생들의 배움에만 초점을 둘 때 지역이 대상화되고, 지역의 필요에만 중점을 두면 학생들의 노동이 수단화되는 문제'가 대학생협에서는 상대적으로 덜 심각할 수 있기 때문이다.

수업을 하면서 대학의 교직원분들을 만날 기회가 있을 때마다 현장 체험의 공간으로서 대학생협의 교육적 가능성을 전달하고자 노력했다. 개인적으로는 책을 쓸 때까지 4학기 정도만 강의를 하자고 계획했지만 지난해에 대학생협의 이사를 맡아달라는 부탁을 받아서 그 기간이 좀 더 길어졌고, 더욱 다양한 실험을 할 수 있었다.

대학생협에서 시작한 작은 프로젝트들이 대학 전체로 확대되는 것을 보기도 했다. 생협 사무국의 역할이 컸다. 예를 들어 경희대생협에는 의상학과 학생들이 운영하는 '옷장을 열면'이라는 상설 프로젝트가 있는데, 이렇게 전공의 특수성을 살려서 대학생협을 연계한 프로젝트들이 다른 학과에도 확장되고 있는 것을 보는 중이다. 이번 학기에는 언론정보학의 협력을 통해서 마케팅 프로젝트를 기획하여 현장 실습을 연계할 계획도 하고 있다고 한다.

아쉬운 점도 많다. 시간강사로서 수업을 하고 생협의 교원이사로 참여하면서 무엇보다 나의 시간을 얼마나 할애할 것인가를 고민했다. 더 많은 시간을 할애하면 학생들이 더 좋은 배움을 경험할 수 있고, 대학생협의 구성원들에게 더 세심한 도움을 줄 수 있다는 것을 알지만, 나 스스로 자기 착취가 너무 심해지는 것에 대한 경계도 해야 됐다. 다행히 학생위원들과 생협 임직원들의 도움으로 덜컹덜컹 6학기까지는 끌고 올 수 있었다. 감사한 일이다. 또 다른 고민들도 있다. 생협은 좋은 직장일까. 직원들이 활동가 리더의 말이 업무 자율성을 해친다고 생각하지는 않을까. 새로운 활동을 만들어가고 있는 학생활동가들이 겪고 있는 어려움을 줄이기 위한 방법은 무엇일까. 이 책에 다 담지는 못했지만 다음 기회에 더 풀 수 있으리라 생각한다.

현재 대학생협은 여러 가지 위기를 경험하고 있다. 제도적 공격과 환경의 변화 때문이기도 하지만 대학생협 내부 혁신의 동력이 부족하기 때문이기도 하다. 지역생협과 달리 4년마다 구성원이 바뀌기에 조합원의 '정주성'이 약하다는 것이 중요한 이유로 지적되기도 했다. 짧은 기간 동안 학생들에게도 보람과 성장의 경험이 남고 대학생협에도 도움이 될 수 있도록 하는 소규모 프로젝트들이 수행될 수 있는 안정적인 지원체계를 구축하는 것이 중요하다.

이 책이 대학생협 관계자들과 대학 구성원에게 좋은 자극이 되었으면 좋겠다. 대학생협이 있는 대학들이 협동조합 교양수업을 개설하고, 전공연계 대학생협 프로젝트 수업들을 개발하는 계기가 될 수 있으면 좋겠다.

모순·갈등과 마주하는 공부, 협동조합

조현경(한겨레경제사회연구원 시민경제센터장)

  '대학'을 무대로 하는 '협동조합'이 일반 협동조합과 특출나게 다른 점이 있다면 대학의 본래적 기능인 '교육'에 있을 것이다. 필자는 대학 자체의 운영 원리에 '협동조합'의 가치를 실현하는 것이 '캠퍼스 협동조합' 운동의 궁극적 목적이 되어야 한다고 믿는다. 일부 대학이 협동조합 방식의 법인화를 검토했다는 이야기가 스쳐 들리기도 했다. 다만, 너무 막대한 일이어서 엄두를 내기 어렵다는 빠른 결론에 이르렀으리라는 짐작이다. 법적 근거를 미루더라도 '내용'과 '형식'이 서로를 규정한다는 점에서 형식의 전환은 환영할 만한 시도다. 하지만, 거창하지 않아도 손이 닿을 수 있는 곳에서 시작할 수 있는 것이 있다. 바로 '캠퍼스 협동조합'이다.

  당대의 사회적 모순과 갈등은 늘 교육의 화두다. 신자유주의적인 가치와 사회적 가치의 갈등, 개인적 가치와 공동체적 가치의 갈등, 목표와 그 목표에 이르는 과정의 갈등에 이르기까지 본래의 '교육'은 인간에 대한 이해와 사회에 대한 인식을 담지하기를 요구받아왔다. 하지만 언제부터인지 우리의 '대학'은 당대의 모순과 갈등에 눈감는 데 익숙하다. 대다수 '학교자본'은 상업화의 흐름에 동참하며 신자유주의의 질서에 포섭됐으며, 대학공간에서의 물질적 풍요와 고도의 소비는 대학생활을 구성하는 주요한 인자가 되어버렸다. 근본적인 개혁이 어렵다면 대학의 체질을 바꾸는 일은 대학생이 대학공간에서 누리는 삶의 양식을 변화시키는 일에서 출발해야 한다. 이는 곧 캠퍼스 협동조합의 과제이기도 하다.

경제를 살려야 한다는 이야기를 할 때, 무항산無恒産이면 무항심無恒心이라는 맹자의 말이 인용되곤 한다. "일정한 생활 근거가 없으면 한결같은 마음이 없어진다"는 뜻으로 풀이할 수 있다. 하지만 고故 신영복 교수는 "이제 더 이상 무항심의 원인이 무항산에 있지 않게 되었다"며, "얼마만큼의 소유가 항산이 될 수 있는지, 그리고 항산이 왜 항심을 뒷받침해주지 못하는지 우리의 생각을 정리해야 한다"고 말했다. 캠퍼스 협동조합의 조합원들은 끊임없이 모순과 갈등에 직면할 수밖에 없다. 개인적 가치와 공동체적 가치가 갈등할 것이며, 협동조합의 정체성을 지키는 항심恒心을 위해 얼마큼의 항산恒産을 목표로 할 것인지, 그 목표와 목표에 이르는 과정이 어떻게 조화로울 수 있을 것인지 등등 '교육'적 과제와 의미가 차고 넘친다.

스승을 만나는 일은 눈을 들어 사방을 살피는 일이 아니다. 신 교수는 "자기가 하는 일에 몰두하고 있을 때, 그 일에 가치를 인정하는 사람이 다가옴으로써 사람을 만나게 되는 것"처럼 "스승은 실천의 도정에서 동반자처럼 만나는 것"이라며, 부단한 성찰과 인간에 대한 애정을 키워가는 일에 시종 성실함을 잃지 않는 도리밖에 없다고 말했나. 협동소합이라는 '일'을 함께 일구어가는 소합원 서보는 필언직으로 서로의 제자이면서 동시에 스승이다.

　캠퍼스 협동조합은 생각하면서, 말하면서, 행동하면서, 무언가를 만들면서 우리에게 부과된 어떤 영역에서 누구와 관계를 맺고, 책임질 수 있는지 등 '따로 또 함께 살아가는' 연습을 하는 최적의 교육 공간이다. 어려운 일임을 부인할 수 없다. 겨울에 두꺼운 옷을 입은 사람보다 얇은 옷을 입은 사람이 겨울을 더 많이 공부한다는 말처럼, 어렵기 때문에 더욱 많은 공부를 할 수 있는 것이다. 급진적 사상가로 불리는 존 러스킨은 "가장 부유한 나라는 최대 다수의 고귀하고 행복한 사람을 양성하는 나라"라고 말한 바 있다. 필자는 협동조합이 이 급진적인 사상가의 꿈을 실현하는 무거운 한 걸음이라 믿는다.

'러닝 바이 쿱learning by coop'의 동료들 여기 붙어라!

주수원(전국학교사회적협동조합연합회 사무총장)

협동조합 교육, 연구자로서 또 캠퍼스 협동조합의 후배라 할 수 있는 초·중·고 학교협동조합들이 모인 전국학교사회적협동조합연합회 사무총장으로서 다양한 사람들과 협동조합을 이야기한다.

지금은 많이 줄어들었지만 여전히 우리 사회에서는 협동조합 하면 "북한의 협동농장"을 떠올리는 이들이 많다. 함께 잘 살자, 협동하자는 이야기가 이념적으로 다가오는 것이다. 다행히도 10대와 20대는 이러한 이념적 거부감이 많지는 않지만, 이들에게 협동조합은 고리타분하게 다가오는 게 사실이다. 대학 수업에서 가장 싫어하는 게 조별 과제이기 때문이다. 여러 사람들과 함께한다는 것은 골치 아픈 일이다. 오죽하면 몇 년 전 SNL에서 '조별 과제 잔혹사' 시리즈가 나왔을까. 책임도 더치페이로 나눴으면 하는 세대. 그래서 협동을 얘기하기란 참 어렵다.

스스로를 생각해봐도 다양한 협동조합에 이사, 대의원, 조합원으로 함께하고 꼭 협동조합만이 아니더라도 이번 책 작업처럼 협동 작업을 하는 경우가 많지만 매번 쉽지 않다. 혼자 할 수 있으면 혼자 하는 게

제일이란 생각을 번번이 하게 된다. 그런데 혼자 했다면 내가 이런 책을 낼 수 있었을까. 아무리 뛰어난 개인도 단결된 조직을 이겨내기는 어렵다. 어쩌다 보니 조직 밖 노동을 많이 하고 있지만 조직에서 구성원들이 단합해서 결과물을 만들었을 때의 짜릿함이란.

또한 협동은 혼자서는 할 수 없는 혁신을 만들어낼 수 있다. 미국의 생물학자인 린 마굴리스에 따르면 현재 인류의 진화에는 이질적인 요소와의 협동의 원리가 숨어 있었다. 산소호흡을 할 줄 알고 독자적인 유전물질을 가진 떠돌이 박테리아가 진핵 세포로 들어가 공생관계를 이루며 함께 진화했기 때문이다. 이렇게 합쳐진 생물들이 산소를 호흡하는 좀 더 복잡한 생물로 진화해갔다. 인류 역사에서도 서로 다른 그룹이 결합되어 혁신을 이루는 사례를 많이 볼 수 있다. 물론 그 반대도 있다. 서로 다른 그룹의 갈등이 조직을 붕괴하는 예도 흔히 보게 된다.

중요한 건 서로 다른 사람들이 모여서 어떠한 결과를 만들어낼지는 정해진 것이 아니라 우리의 태도와 과정에 있다는 점이다. 따라서 협동은 성공을 위해서도 우리가 익혀가야 할 중요한 역량과 인성이다. 또한 앞서도 말했듯이, 협동의 DNA가 있는 게 아니라면 협동 역시 성공의 경험이 쌓이고 훈련해야 한다. 운동을 처음 했을 때 생기는 근육통처럼 처음에는 낯설고 어려울 수 있다. 그렇지만 함께 살아가야 하고, 협동은 혼자 할 수 있는 것보다 더 좋은 성과를 내기에 살아가며 익혀야 할 기술이다. 캠퍼스 협동조합은 이러한 협동의 헬스장이 될 수 있지 않을까.

이런 의미에서 곧 러닝 바이 두잉learning by doing의 교육철학에 공동체로서 훈련이 결합된 '러닝 바이 쿱learning by coop'이 대세가 되는 때가 오지 않을까. 어쩌다 보니 협동조합과 교육 양쪽을 오가면서 다양한 얘기를 엮어가며 드는 생각이다. 물론 너무 섣부른 예언일 수도 있고 논리적 비약일 수도 있으며 한때의 트렌드로 끝날 수도 있다. 협동조합과 교육 모두에서 나의 경험과 이론적 지식은 빈약하기에 억측이나 망상일 수도 있다.

그렇지만 오히려 잘 모르기에, 협동조합과 교육 변방의 접점에서 이질적인 경험을 오가고 있기에 현재의 흐름을 보고 있는 것은 아닌가 싶다. 유발 하라리는 『사피엔스』에서 "그 시대를 가장 잘 아는 사람들, 다시 말해 그 시대에 살았던 사람들이야말로 그 시대를 가장 모르는 사람들이다. 사후의 깨달음에 의해 필연적인 것처럼 보이는 것이 정작 그 시대에는 전혀 명백하지 않은 일이었다"라고 했다.

러닝 바이 쿱이 대세가 될 수 있는 나의 꿈이 헛된 망상이나 실행과 연결되지 않은 공상으로 끝나지 않기 위해서 함께 힘을 모아 가보려고 한다. 함께하는 즐거운 상상력이 미래를 만들어가기 때문이다. 그렇기에 더욱 많은 사람들이 이 책을 읽고 부족한 점을 비판하고 함께 채워나가고 상상의 힘을 모으면서 대학을 조금이나마 바꿔갔으면 좋겠다. 러닝 바이 쿱의 동료들을 모아보자.

헬조선 무간지옥, 탈출구는?

하승우(녹색당 공동정책위원장)

한국의 대학 사정은 책에 실린 글을 처음 쓸 때보다 더욱더 안 좋아졌다. 한때는 학생들이 주도하는 해방구라 불렸던 대학이 이제는 구성원들의 무간지옥처럼 느껴진다. 학생, 시간강사, 비정규직 노동자, 외주고용 노동자, 대학을 실제로 움직이는 이들에게 대학은 너만 살아남을 수 있다며 희망고문을 하는 지옥이다. 사립학교의 비중이 높은 한국에서 학교를 바꾸고 대학을 바꾼다는 건 불가능에 가깝다.

더 고통스러운 건 그럼에도 우리가 살아가야 한다는 사실이다. 대학이 그런 공간인 줄 뻔히 알면서도 누군가는 불안한 삶을 달래기 위해 그곳에서 살아가야 한다. 실업과 도태라는 더 큰 공포를 피하기 위해 우리는 지금의 고통을 감수하며 살고 있다. 대학당국도 그 점을 잘 알고 있다. 그리고 자신들이 만든 원칙을 거부하면 밀어내고 번호표를 든 다음 사람에게 출구를 열어주면 된다는 사실을. 지옥에 들어가는 것마저 번호표를 뽑아야 한다는 사실은 탈출구를 생각조차 못하게 한다.

이곳에서 벗어날 수 없다면 그나마 가능한 방법은 고통을 줄이며 조금씩 저들의 질서에서 벗어나는 것이다. 그러기 위해서는 우리의 삶이 서로 조금씩 겹쳐져야 한다. 동서고금을 막론하고 지배자들의 방식은 '분할통치divide and rule'였다. 1 대 99의 사회라는 말처럼 99%가 우리이기 때문에 1%의 지배자들은 99%를 쪼개고 갈라서 서로 대립하게 만들어왔다. 1%의 힘은 계속 커지고 99%의 힘이 계속 분할된다면 변화의 길은 사라진다.

나는 캠퍼스 협동조합이 그런 분할에 맞서는 힘이라고 믿는다. '믿는다'라고 말한 이유는 아직 그 힘이 씨앗의 상태이기 때문이다. 발아할 수도 있고 그냥 썩어 땅으로 돌아갈 수도 있고. 가능성은 조합을 구성하는 조합원들에게 있다고 생각한다. 캠퍼스의 다양한 이해관계자들이 서로를 동등한 조합원으로 인식하고 자기 삶의 필요들을 조합이라는 공통의 틀 속으로 조직하는 만큼 지옥을 견디며 지옥을 서서히 붕괴시킬 힘이 만들어지리라 믿는다. 그리고 그것이야말로 진정한 교육이라고 생각한다. 삶을 갈아 넣는 교육이 아니라 삶을 살찌우는 교육.

또 하나 캠퍼스 협동조합은 대학이라는 열린 듯하지만 매우 폐쇄된 공간을 개방하는 역할을 할 수 있다. 대학과 초·중·고등학교, 대학과 지역사회, 대학과 다른 대학이 연계되는 정도만큼 조합원들의 시야나 조합을 바라보는 사람들의 시야가 넓어진다. 추상적인 이념이나 가치에 대한 선호만이 아니라 실질적인 필요와 연관될 수 있기에, 그런 접점이 매우 다양할 수 있다는 점도 캠퍼스 협동조합의 장점이다.

이미 만들어진 대안이나 성공을 보장하는 로드맵이 있으면 좋겠지만 그런 건 이 땅에 살 맞지 않는다고 생각한다. 캠퍼스 협동조합은 대학생활협동조합이나 학교협동조합과 같은 현실의 경험치를 가지고 있다. 무無에서 유有를 만드는 방식이 아니기 때문에 조금 더 가능성이 높아진다.

어떻게 보면 이 책에서 필자들은 마지막 가능성에 희망을 걸고 있는지도 모른다. 이마저도 안 된다면 나는 대학에 대한 기대를 완전히 접는 게 좋다고 생각한다. 학생들은 대학에 가지 않는 것이 좋고 시간강사들도, 노동자들도 대학이라는 공간에 미련을 두지 말아야 한다. 그래야 저 성벽이 무너질 수 있다.

참고 문헌

- 김영철·여철현·우영균·홍남석(1995).「대학 교육의 경쟁력 강화를 위한 후생복지 사업 활성화 방안」. 교육부 연구보고서.
- 김용련·김성천·노시구·홍섭근·이승호·윤지훈(2014).「경기도 혁신교육지구 사업 발전 방안 연구」. 경기도교육청 정책 과제.
- 김용련(2015).「지역사회 기반 교육공동체 구축 원리에 대한 탐색적 접근: 복잡성 과학, 사회적 자본, 교육거버넌스 원리 적용을 중심으로」.『교육행정학연구』33(2), 259-287.
- 김지은(2010).「대학-지역사회 파트너십을 통한 지역재생 사례연구」.『서울도시연구』11(3), 69-86.
- 김태현·이태희(2017).『서울의 대학-지역사회 협력 실태와 증진방안』. 서울연구원.
- 김현하(2015).「2015 사회적경제 해외연수 미국(협동조합) 연수보고서」. 서울시사회적경제지원센터.
- 대학생협(2000).「21차 생협학교 기획단」.『대학생협』통권 72호.
- 박가분(2015).「대학 기업화 시대의 종언과 대학 교육의 공공성」.『문화과학』2015년 여름호.
- 박종배 외(2014).「교육 공공성의 측면에서 본 독일의 교육정책」.『교육의 이론과 실천』19(2호).
- 사회적경제언론인포럼(2017).『사회적경제 참 좋다!』. 이로운넷, 204-205.
- 양병찬(2008).「농촌학교와 지역의 협력을 통한 지역교육공동체 형성」.『평생교육학연구』vol. 14. No. 3, 129-151.
- 유영만 외(2018).『지식생태학』. 박영사.
- 이규선(2014).『대학의 공공성과 생활협동조합』. 국정감사 정책자료집.
- 이태동 외(2017).「대학-지역 연계 수업의 신뢰 영향에 대한 실험 연구」.『한국정치학회보』51집 2호, 5-22.
- 이태동 외(2017).『마을학개론』. 푸른길.
- 장후은·이종호(2017).「지역사회 문제해결형 산학협력을 통한 대학의 역할 제고 방안」.『한국지역지리학회지』제23권 제3호, 459-469.
- 소은주(2017).『시흥시 한국산업기술대 연세사례』. 지역사회와 대학 긴 협력 세미나 자료집.

- 하승우(2013).『협동조합과 지역운동』. 충남연구원 심포지엄 자료집.
- Uyarra, E.(2010).「What is evolutionary about 'regional systems of innovation'? Implications for regional policy?」.『Journal of Evolutionary Economics』20(1), 1227-1246.

인터넷글 및 기사

- 교수신문(2017. 12. 15). "대학이 취업준비기관?⋯ 대학은 우리가 공동체의 구성원이라는 사실 인식하는 장소". http://www.kyosu.net/news/articleView.html?idxno=40413
- 대학교육연구소(2018. 4. 19). 서울지역 대학 외부 업체 입점 현황. http://khei-khei.tistory.com/2231
- 대학생협소식(2015. 10. 1). ICA-AP 워크숍 종료. http://univcoop.or.kr/1194
- 대학생협소식(2018. 1. 22). 싱가포르 캠퍼스 협동조합 소개. http://univcoop.or.kr/4420
- 민달팽이주택협동조합 홈페이지 http://minsnailunion.tistory.com/
- 베타뉴스(2017. 3. 17).「강릉원주대학교 '커피나라 원두공주', 판매 수익금 발전기금으로 쾌척」. http://betanews.heraldcorp.com:8080/article/684170.html
- 브릿지경제(2017. 2. 27).「대학생 창업 '협동조합'이 뜬다」. http://www.viva100.com/main/view.php?key=20170227010009020
- 브릿지경제(2016. 10. 31.).「협동조합 창업 활성화 '청년대학 협동조합 창업지원센터' 설립 필요」. http://m.viva100.com/view.php?key=2016103010008668#imadnews
- 성균웹진(2018. 3. 29). 세상을 가치 있게 만드는 발걸음, SeTA. https://www.skkuzine.com/index.php/Coverstory/view/364.if
- 스카이데일리(2017. 12. 1).「미래 주역 빚더미 내모는 한국장학재단 '묻지마 대출」. http://www.skyedaily.com/news/news_spot.html?ID=67921
- 연합뉴스(2018. 1. 14).「[일자리 빙하기] 韓청년실업률 악화일로⋯ OECD는 개선 '뚜렷」. http://www.yonhapnews.co.kr/bulletin/2018/01/13/0200000000AKR20180113025500002.HTML?input=1179m
- 오마이뉴스(2016. 3. 31).「'몬드라곤'이 헬조선에 보내는 메시지」. http://www.ohmynews.com/NWS_Web/View/at_pg.aspx?CNTN_CD=A0002195691

- 진저티프로젝트 (2017. 3. 17). 「[매거진M 함께읽기] '일이 적성에 맞지 않아서 퇴사합니다' 뒤에 숨겨진 말」. https://blog.naver.com/gingert0403/220960345567
- 중앙일보(2016. 9. 6). 「사회 초년생 월급 22% 집주인 지갑으로 간다」. http://news.joins.com/article/20557634
- 캠퍼스잡앤조이(2017. 12. 28). 「대학생이 운영하는 금융생활협동조합, '키다리은행'」. http://www.jobnjoy.com/portal/joy/correspondent_view.jsp?nidx=254809&depth1=2&depth2=1&depth3=1
- 한국대학생활협동조합연합회(2015). 「영국 대학생의 먹거리를 책임지는 협동조합, SCOOP!」. http://univcoop.or.kr/613#more-613
- 한겨레(2016. 4. 3). 「대기업 프랜차이즈 밀려오는 '캠퍼스 상업화', 대학생협 활로는?」. http://www.hani.co.kr/arti/economy/economy_general/738048.html
- 한겨레(2017. 1. 30). 「우린 민주주의를 모른다」. http://www.hani.co.kr/arti/society/society_general/780573.html
- 한겨레(2017. 5. 19). 「시장이 낳은 '지·옥·고', 사회적경제로 풀자」. http://www.hani.co.kr/arti/economy/economy_general/795412.html
- 한겨레(2017. 12. 12). 「혁신은 평범한 사람들의 협력에서 온다」. http://www.hani.co.kr/arti/economy/economy_general/823156.html
- 한겨레21(2018. 4. 9). 「합쳤다 깨지고 다시 일어서다」. http://h21.hani.co.kr/arti/society/society_general/45173.htmlhttp://h21.hani.co.kr/arti/society/society_general/45173.html
- 한국일보a(2018. 1. 6). 「[노멀크러시] 성공 관심 없어!… 나는 '아무나'가 되련다」. http://www.hankookilbo.com/v/475efa8f2a9e42cbb1aabe9cc033bf21
- 한국일보b(2018. 1. 6). 「[노멀크러시] 2030 "월급 300만 원과 연 1회 해외여행이면 성공한 삶」. http://www.hankookilbo.com/v/19533dc4e7e449f59d003c196adeb391
- 한양뉴스(2017. 3. 21). 「[동고동락] 한양인의 든든한 후견인, 키다리은행」. http://www.hanyang.ac.kr/surl/jZlH
- YTN(2018. 1. 10). 「지난해 청년실업률 10% 육박 '역대 최악'」. http://www.ytn.co.kr/_ln/0102_201801101415341954

삶의 행복을 꿈꾸는 교육은 어디에서 오는가?

미래 100년을 향한 새로운 교육 혁신교육을 실천하는 교사들의 **필독서**

▶ 교육혁명을 앞당기는 배움책 이야기
혁신교육의 철학과 잉걸진 미래를 만나다!

한국교육연구네트워크 총서

 01 핀란드 교육혁명
한국교육연구네트워크 엮음 | 320쪽 | 값 15,000원

 02 일제고사를 넘어서
한국교육연구네트워크 엮음 | 284쪽 | 값 13,000원

 03 새로운 사회를 여는 교육혁명
한국교육연구네트워크 엮음 | 380쪽 | 값 17,000원

 04 교장제도 혁명
한국교육연구네트워크 엮음 | 268쪽 | 값 14,000원

 05 새로운 사회를 여는 교육자치 혁명
한국교육연구네트워크 엮음 | 312쪽 | 값 15,000원

 06 혁신학교에 대한 교육학적 성찰
한국교육연구네트워크 엮음 | 308쪽 | 값 15,000원

 07 진보주의 교육의 세계적 동향
한국교육연구네트워크 엮음 | 324쪽 | 값 17,000원

 08 더 나은 세상을 위한 학교혁명
한국교육연구네트워크 엮음 | 404쪽 | 값 21,000원

 혁신학교
성열관·이순철 지음 | 224쪽 | 값 12,000원

 행복한 혁신학교 만들기
초등교육과정연구모임 지음 | 264쪽 | 값 13,000원

 서울형 혁신학교 이야기
이부영 지음 | 320쪽 | 값 15,000원

 혁신교육, 철학을 만나다
브렌트 데이비스·데니스 수마라 지음
현인철·서용선 옮김 | 304쪽 | 값 15,000원

 혁신교육 존 듀이에게 묻다
서용선 지음 | 292쪽 | 값 14,000원

 다시 읽는 조선 교육사
이만규 지음 | 750쪽 | 값 33,000원

 대한민국 교육혁명
교육혁명공동행동 연구위원회 지음 | 224쪽 | 값 12,000원

한국교육연구네트워크 번역 총서

 01 프레이리와 교육
존 엘리아스 지음 | 한국교육연구네트워크 옮김
276쪽 | 값 14,000원

 02 교육은 사회를 바꿀 수 있을까?
마이클 애플 지음 | 강희룡·김선우·박원순·이형빈 옮김
352쪽 | 값 16,000원

 03 비판적 페다고지는
세상을 변화시킬 수 있는가?
Seewha Cho 지음 | 심성보·조시화 옮김 | 280쪽 | 값 14,000원

 04 마이클 애플의 민주학교
마이클 애플·제임스 빈 엮음 | 강희룡 옮김 | 276쪽 | 값 14,000원

 05 21세기 교육과 민주주의
넬 나딩스 지음 | 심성보 옮김 | 392쪽 | 값 18,000원

 06 세계교육개혁:
민영화 우선인가 공적 투자 강화인가?
린다 달링-해먼드 외 지음 | 심성보 외 옮김 | 408쪽 | 값 21,000원

 대한민국 교사, 어떻게 가르칠 것인가?
윤성관 지음 | 320쪽 | 값 15,000원

 아이들을 어떻게 가르칠 것인가
사토 마나부 지음 | 박찬영 옮김 | 232쪽 | 값 13,000원

 아이들의 배움은 어떻게 깊어지는가
이시이 준지 지음 | 방지현·이창희 옮김 | 200쪽 | 값 11,000원

 모두를 위한 국제이해교육
한국국제이해교육학회 지음 | 364쪽 | 값 16,000원

 경쟁을 넘어 발달 교육으로
현광일 지음 | 288쪽 | 값 14,000원

 독일 교육, 왜 강한가?
박성희 지음 | 324쪽 | 값 15,000원

 핀란드 교육의 기적
한넬레 니에미 외 엮음 | 장수명 외 옮김 | 452쪽 | 값 23,000원

▶ 비고츠키 선집 시리즈
발달과 협력의 교육학 어떻게 읽을 것인가?

 생각과 말
레프 세묘노비치 비고츠키 지음
배희철·김용호·D. 켈로그 옮김 | 690쪽 | 값 33,000원

 성장과 분화
L.S. 비고츠키 지음 | 비고츠키 연구회 옮김
308쪽 | 값 15,000원

 도구와 기호
비고츠키·루리야 지음 | 비고츠키 연구회 옮김
336쪽 | 값 16,000원

 의식과 숙달
L.S 비고츠키 | 비고츠키 연구회 옮김
348쪽 | 값 17,000원

 어린이 자기행동숙달의 역사와 발달 I
L.S. 비고츠키 지음 | 비고츠키 연구회 옮김
564쪽 | 값 28,000원

 관계의 교육학, 비고츠키
진보교육연구소 비고츠키교육학실천연구모임 지음
300쪽 | 값 15,000원

 어린이 자기행동숙달의 역사와 발달 II
L.S. 비고츠키 지음 | 비고츠키 연구회 옮김
552쪽 | 값 28,000원

 비고츠키 생각과 말 쉽게 읽기
진보교육연구소 비고츠키교육학실천연구모임 지음
316쪽 | 값 15,000원

 어린이의 상상과 창조
L.S. 비고츠키 지음 | 비고츠키 연구회 옮김
280쪽 | 값 15,000원

 비고츠키와 인지 발달의 비밀
A.R. 루리야 지음 | 배희철 옮김 | 280쪽 | 값 15,000원

 연령과 위기
L.S. 비고츠키 지음 | 비고츠키 연구회 옮김
336쪽 | 값 17,000원

 수업과 수업 사이
비고츠키 연구회 지음 | 196쪽 | 값 12,000원

▶ 창의적인 협력수업을 지향하는 삶이 있는 국어 교실
우리말 글을 배우며 세상을 배운다

 중학교 국어 수업 어떻게 할 것인가?
김미경 지음 | 340쪽 | 값 15,000원

 이야기 꽃 1
박용성 엮어 지음 | 276쪽 | 값 9,800원

 토론의 숲에서 나를 만나다
명혜정 엮음 | 312쪽 | 값 15,000원

 이야기 꽃 2
박용성 엮어 지음 | 294쪽 | 값 13,000원

 토닥토닥 토론해요
명혜정·이명선·조선미 엮음 | 288쪽 | 값 15,000원

 인문학의 숲을 거니는 토론 수업
순천국어교사모임 엮음 | 308쪽 | 값 15,000원

 어린이와 시
오인태 지음 | 192쪽 | 값 12,000원

 수업, 슬로리딩과 함께
박경숙·강슬기·김정욱·장소현·강민정·전혜림·이혜민 지음
268쪽 | 값 15,000원

▶ 평화샘 프로젝트 매뉴얼 시리즈
학교 폭력에 대한 근본적인 예방과 대책을 찾는다

  학교 폭력 어떻게 만들어지는가
문재현 외 지음 | 300쪽 | 값 14,000원

 아이들을 살리는 동네
문재현·신동명·김수동 지음 | 204쪽 | 값 10,000원

학교 폭력, 멈춰!
문재현 외 지음 | 348쪽 | 값 15,000원

 평화! 행복한 학교의 시작
문재현 외 지음 | 252쪽 | 값 12,000원

 왕따, 이렇게 해결할 수 있다
문재현 외 지음 | 236쪽 | 값 12,000원

 마을에 배움의 길이 있다
문재현 지음 | 208쪽 | 값 10,000원

 젊은 부모를 위한 백만 년의 육아 슬기
문재현 지음 | 248쪽 | 값 13,000원

 별자리, 인류의 이야기 주머니
문재현·문한뫼 지음 | 444쪽 | 값 20,000원

▶ 4·16, 질문이 있는 교실 마주이야기
통합수업으로 혁신교육과정을 재구성하다!

 통하는 공부
김태호·김형우·이경석·심우근·허진만 지음
324쪽 | 값 15,000원

 내일 수업 어떻게 하지?
아이함께 지음 | 300쪽 | 값 15,000원
2015 세종도서 교양부문

 인간 회복의 교육
성래운 지음 | 260쪽 | 값 13,000원

 **교과서 너머 교육과정 마주하기**
이윤미 외 지음 | 368쪽 | 값 17,000원

 수업 고수들 수업·교육과정·평가를 말하다
박현숙 외 지음 | 368쪽 | 값 17,000원

 도덕 수업, 책으로 묻고 윤리로 답하다
울산도덕교사모임 지음 | 320쪽 | 값 15,000원

 체육 교사, 수업을 말하다
전용진 지음 | 304쪽 | 값 15,000원

 교실을 위한 프레이리
아이러 쇼어 엮음 | 사람대사람 옮김 | 412쪽 | 값 18,000원

 마을교육공동체란 무엇인가?
서용선 외 지음 | 360쪽 | 값 17,000원

 학교생활기록부를 디자인하라
박용성 지음 | 268쪽 | 값 14,000원

 교사, 학교를 바꾸다
정진화 지음 | 372쪽 | 값 17,000원

 함께 배움
학생 주도 배움 중심 수업 이렇게 한다
니시카와 준 지음 | 백경석 옮김 | 280쪽 | 값 15,000원

 공교육은 왜?
홍섭근 지음 | 352쪽 | 값 16,000원

 자기혁신과 공동의 성장을 위한
교사들의 필리버스터
윤양수·원종희·장군·조경삼 지음 | 280쪽 | 값 14,000원

 함께 배움 이렇게 시작한다
니시카와 준 지음 | 백경석 옮김 | 196쪽 | 값 12,000원

 함께 배움 교사의 말하기
니시카와 준 지음 | 백경석 옮김 | 188쪽 | 값 12,000원

 미래교육의 열쇠, 창의적 문화교육
심광현·노명우·강정석 지음 | 368쪽 | 값 16,000원

 주제통합수업, 아이들을 수업의 주인공으로!
이윤미 외 지음 | 392쪽 | 값 17,000원

 수업과 교육의 지평을 확장하는 수업 비평
윤양수 지음 | 316쪽 | 값 15,000원
2014 문화체육관광부 우수교양도서

 교사, 선생이 되다
김태은 외 지음 | 260쪽 | 값 13,000원

 교사의 전문성, 어떻게 만들어지나
국제교원노조연맹 보고서 | 김석규 옮김 392쪽 | 값 17,000원

 수업의 정치
윤양수·원종희·장군 지음 | 280쪽 | 값 14,000원

 **학교협동조합,
현장체험학습과 마을교육공동체를 잇다**
주수원 외 지음 | 296쪽 | 값 15,000원

 **거꾸로교실,
잠자는 아이들을 깨우는 수업의 비밀**
이민경 지음 | 280쪽 | 값 14,000원

 교사는 무엇으로 사는가
정은균 지음 | 292쪽 | 값 15,000원

 마음의 힘을 기르는 감성수업
조선미 외 지음 | 300쪽 | 값 15,000원

 **작은 학교 아이들**
지경준 엮음 | 376쪽 | 값 17,000원

 감성 지휘자, 우리 선생님
박종국 지음 | 308쪽 | 값 15,000원

 대한민국 입시혁명
참교육연구소 입시연구팀 지음 | 220쪽 | 값 12,000원

 교사를 세우는 교육과정
박승열 지음 | 312쪽 | 값 15,000원

 전국 17명 교육감들과 나눈
교육 대담
최창의 대담·기록 | 272쪽 | 값 15,000원

 들뢰즈와 가타리를 통해
유아교육 읽기
리세롯 마리엣 올슨 지음 | 이연선 외 옮김 | 328쪽 | 값 17,000원

교육과정 통합, 어떻게 할 것인가?
성열관 외 지음 | 192쪽 | 값 13,000원

 학교 민주주의의 불한당들
정은균 지음 | 276쪽 | 값 14,000원

 동양사상에게 인공지능 시대를 묻다
홍승표 외 지음 | 260쪽 | 값 15,000원

 교육과정, 수업, 평가의 일체화
리사 카터 지음 | 박승열 외 옮김 | 196쪽 | 값 13,000원

 학교 혁신의 길, 아이들에게 묻다
남궁상운 외 지음 | 268쪽 | 값 15,000원

 학교를 개선하는 교장
지속가능한 학교 혁신을 위한 실천 전략
마이클 풀란 지음 | 서동연·정효준 옮김 | 216쪽 | 값 13,000원

 프레이리의 사상과 실천
사람대사람 지음 | 352쪽 | 값 18,000원

 공자던, 논어는 이것이다
유문상 지음 | 392쪽 | 값 18,000원

 혁신학교, 한국 교육의 미래를 열다
송순재 외 지음 | 608쪽 | 값 30,000원

 교사와 부모를 위한
발달교육이란 무엇인가?
현광일 지음 | 380쪽 | 값 18,000원

 페다고지를 위하여
프레네의 『페다고지 불변요소』 읽기
박찬영 지음 | 296쪽 | 값 15,000원

 교사, 이오덕에게 길을 묻다
이무완 지음 | 328쪽 | 값 15,000원

 노자와 탈현대 문명
홍승표 지음 | 284쪽 | 값 15,000원

 낙오자 없는 스웨덴 교육
레이프 스트란드베리 지음 | 변광수 옮김 | 208쪽 | 값 13,000원

 선생님, 민주시민교육이 뭐예요?
염경미 지음 | 244쪽 | 값 15,000원

 끝나지 않은 마지막 수업
장석웅 지음 | 328쪽 | 값 20,000원

 어쩌다 혁신학교
유우석 외 지음 | 380쪽 | 값 17,000원

 대구, 박정희 패러다임을 넘다
세대열 엮음 | 292쪽 | 값 20,000원

 미래, 교육을 묻다
정광필 지음 | 232쪽 | 값 15,000원

 경기꿈의학교
진흥섭 외 지음 | 360쪽 | 값 17,000원

 대학, 협동조합으로 교육하라
박주희 외 지음 | 252쪽 | 값 15,000원

 학교를 말한다
이성우 지음 | 292쪽 | 값 15,000원

▶ 교과서 밖에서 만나는 역사 교실
상식이 통하는 살아 있는 역사를 만나다

 전봉준과 동학농민혁명
조광환 지음 | 336쪽 | 값 15,000원

 교과서 밖에서 배우는 역사 공부
정은교 지음 | 292쪽 | 값 14,000원

 남도의 기억을 걷다
노성태 지음 | 344쪽 | 값 14,000원

 팔만대장경도 모르면 빨래판이다
전병철 지음 | 360쪽 | 값 16,000원

 응답하라 한국사 1 2
김은석 지음 | 356쪽·368쪽 | 각권 값 15,000원

 빨래판도 잘 부면 팔만대장경이다
전병철 지음 | 360쪽 | 값 16,000원

 즐거운 국사수업 32강
김남선 지음 | 280쪽 | 값 11,000원

 영화는 역사다
강성률 지음 | 288쪽 | 값 13,000원

 즐거운 세계사 수업
김은석 지음 | 328쪽 | 값 13,000원

 친일 영화의 해부학
강성률 지음 | 264쪽 | 값 15,000원

강화도의 기억을 걷다
최보길 지음 | 276쪽 | 값 14,000원

 광주의 기억을 걷다
노성태 지음 | 348쪽 | 값 15,000원

 선생님도 궁금해하는
한국사의 비밀 20가지
김은석 지음 | 312쪽 | 값 15,000원

 걸림돌
키르스텐 세룹-빌펠트 지음 | 문봉애 옮김
248쪽 | 값 13,000원

 역사수업을 부탁해
열 사람의 한 걸음 지음 | 388쪽 | 값 18,000원

 진실과 거짓, 인물 한국사
하성환 지음 | 400쪽 | 값 18,000원

 한국 고대사의 비밀
김은석 지음 | 304쪽 | 값 13,000원

 조선족 근현대 교육사
정미량 지음 | 320쪽 | 값 15,000원

 다시 읽는 조선근대교육의 사상과 운동
윤건차 지음 | 이명실·심성보 옮김 | 516쪽 | 값 25,000원

 음악과 함께 떠나는 세계의 혁명 이야기
조광환 지음 | 292쪽 | 값 15,000원

 논쟁으로 보는 일본 근대교육의 역사
이명실 지음 | 324쪽 | 값 17,000원

 다시, 독립의 기억을 걷다
노성태 지음 | 320쪽 | 값 16,000원

▶ 더불어 사는 정의로운 세상을 여는 인문사회과학
사람의 존엄과 평등의 가치를 배운다

 밥상혁명
강양구·강이현 지음 | 298쪽 | 값 13,800원

 도덕 교과서 무엇이 문제인가?
김대용 지음 | 272쪽 | 값 14,000원

 자율주의와 진보교육
조엘 스프링 지음 | 심성보 옮김 | 320쪽 | 값 15,000원

 민주화 이후의 공동체 교육
심성보 지음 | 392쪽 | 값 15,000원
2009 문화체육관광부 우수학술도서

 갈등을 넘어 협력 사회로
이창언·오수길·유문종·신윤관 지음 | 280쪽 | 값 15,000원

 동양사상과 마음교육
정재걸 외 지음 | 356쪽 | 값 16,000원
2015 세종도서 학술부문

 교과서 밖에서 배우는 철학 공부
정은교 지음 | 280쪽 | 값 14,000원

 교과서 밖에서 배우는 사회 공부
정은교 지음 | 304쪽 | 값 15,000원

 교과서 밖에서 배우는 윤리 공부
정은교 지음 | 292쪽 | 값 15,000원

 한글 혁명
김슬옹 지음 | 388쪽 | 값 18,000원

 좌우지간 인권이다
안경환 지음 | 288쪽 | 값 13,000원

 민주시민교육
심성보 지음 | 544쪽 | 값 25,000원

 민주시민을 위한 도덕교육
심성보 지음 | 500쪽 | 값 25,000원
2015 세종도서 학술부문

 교과서 밖에서 배우는 인문학 공부
정은교 지음 | 280쪽 | 값 13,000원

 오래된 미래교육
정재걸 지음 | 392쪽 | 값 18,000원

 대한민국 의료혁명
전국보건의료산업노동조합 엮음 | 548쪽 | 값 25,000원

 교과서 밖에서 배우는 고전 공부
정은교 지음 | 288쪽 | 값 14,000원

 전체 안의 전체 사고 속의 사고
김우창의 인문학을 읽다
현광일 지음 | 320쪽 | 값 15,000원

 카스트로, 종교를 말하다
피델 카스트로·프레이 베토 대담 | 조세종 옮김
420쪽 | 값 21,000원

 교사와 부모를 위한 비고츠키 교육학
카르포프 지음 | 실천교사번역팀 옮김 | 308쪽 | 값 15,000원

▶ 살림터 참교육 문예 시리즈

영혼이 있는 삶을 가르치는 온 선생님을 만나다!

꽃보다 귀한 우리 아이는
조재도 지음 | 244쪽 | 값 12,000원

선생님이 먼저 때렸는데요
강병철 지음 | 248쪽 | 값 12,000원

성깔 있는 나무들
최은숙 지음 | 244쪽 | 값 12,000원

서울 여자, 시골 선생님 되다
조경선 지음 | 252쪽 | 값 12,000원

아이들에게 세상을 배웠네
명혜정 지음 | 240쪽 | 값 12,000원

행복한 창의 교육
최창의 지음 | 328쪽 | 값 15,000원

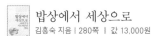
밥상에서 세상으로
김흥숙 지음 | 280쪽 | 값 13,000원

북유럽 교육 기행
정애경 외 14인 지음 | 288쪽 | 값 14,000원

▶ 남북이 하나 되는 두물머리 평화교육

분단 극복을 위한 치열한 배움과 실천을 만나다

10년 후 통일
정동영·지승호 지음 | 328쪽 | 값 15,000원

선생님, 통일이 뭐예요?
정경호 지음 | 252쪽 | 값 13,000원

분단시대의 통일교육
성래운 지음 | 428쪽 | 값 18,000원

김창환 교수의 DMZ 지리 이야기
김창환 지음 | 264쪽 | 값 15,000원

▶ 출간 예정